니체가 바라본 세상

니체가 바라본 세상

극한 상황을 이겨내고 진리를 깨닫게 하는 니체의 아포리즘

석필 편역

편역자의 말

진정성이 살아 숨 쉬는 삶을 갈망하시나요?
평범함이라는 잘 다져진 길을 따라 걷는 것에 싫증이 나셨나요?
그렇다면 니체의 짜릿한 세계로 들어오세요.

니체는 "위험하게 살라"고 선언하며, 우리 내면의 날것 그대로
의 힘을 포용하라고 촉구합니다.

니체는 마음이 약한 사람을 좋아하지 않았습니다.
어떤 경우에도 운명에 도전해야 한다고 가르쳐주고 있습니다.

그는 또 모든 것을 의심하라고 했습니다.
도덕, 진실, 그리고 우리 스스로가 만드는 편안한 세상을 말입
니다.

하지만 그의 비판 속에는 우리를 살릴, 우리를 초인으로 성장시킬 엄청난 잠재력이 숨어 있습니다. 그러기 위해선 현실에 안주해선 안 된다고 말하고 있습니다.

　자, 이제 흔들릴 준비를 하고, 깨어날 준비를 하고, 자신만의 길을 개척할 힘을 찾아 나섭시다.

　위험하게 살 준비가 되셨나요?
　니체의 아포리즘을 따라가다 보면 당연한 것을 의심할 줄 아는 지성과 감각이 생기고, 이 세계에 대한 의심이 거듭되어 일상을 뒤흔드는 순간 편안함을 거부하고 치열하게 살고자 하는 의욕을 갖게 될 것입니다.

차례

편역자의 말 • 4

제1부
/ 니체의 생애와 작품 세계

니체의 생애

01_젊은 시절(1844~1868) • 13

02_바젤대학교 교수 시절(1869~1879) • 19

03_독자적인 철학자 시절(1879~1888) • 24

04_광기와 죽음(1889~1900) • 34

05_시민권, 국적 및 민족 • 40

06_인간관계와 성생활 • 44

07_니체의 철학 • 47

아폴로니안(Apollonian)과 디오니시안(Dionysian) • 48 | 관점주의(Perspectivism) • 53 |
도덕에서의 노예 반란 • 56 | 신(神)의 죽음과 허무주의 • 62 | 권력에의 의지 • 68 |
영원회귀(Eternal Return) • 72 | 초인(Übermensch) • 74 | 대중 문화에 대한 비판 • 79 |
니체의 사상에 영향을 준 인물들 • 80 | 니체의 유산 • 86

니체의 저작물 • 96

제2부

니체의 아포리즘

01. **권력과 힘** 권력은 진리를 창조한다 • 100

02. **도덕과 처신** 가장 세련된 복수는 잊어버리는 것이다 • 113

03. **초인과 고통** 나는 자신을 뛰어넘어 창조하려다 멸망하는 자를 사랑
한다 • 129

04. **영원과 현실** 살아 있는 동안 여러 번 죽어야 한다 • 151

05. **지성과 창의성** 나는 피로 쓴 글만을 사랑한다 • 172

06. **인간과 인생** 우리를 죽이지 않는 것은 우리를 더 강하게 만든다 • 193

07. **도전과 성취** 승자는 우연을 믿지 않는다 • 221

08. **종교와 신** 종교의 위험한 본능 욕구는 고독, 단식, 금욕이다 • 242

09. **진리와 지혜** 절대적인 진실이 없듯이 영원한 사실도 없다 • 258

10. **자아와 본성** 중요한 사람이 되려면 자신의 그림자까지도 소중히 여겨
야 한다 • 282

일러두기 ─────────────────────────────────────

〈제1부 : 니체의 생애와 작품 세계〉의 대부분은 온라인 영문 백과사전 《위키피디아(2024년 2월 22일 검색)》
의 〈니체〉 부분을 번역한 것입니다.

〈제2부 : 니체의 아포리즘〉에서는 한 작품이 여러 저작물에 소개된 경우 대표 저작의 제목을 적었습니다.

Nietzsche

니체의 생애와
작품 세계

프리드리히 빌헬름 니체(Friedrich Wilhelm Nietzsche, 1844년 10월 15일~1900년 8월 25일)는 고전 문헌학자로 일하다가 철학자가 되었다. 1869년 24세의 나이에 바젤대학교 고전 문헌학과 학과장에 취임했으나 그를 평생 괴롭힌 건강 문제로 1879년 사임했다. 그 뒤 10년 동안 대부분의 핵심 저작물을 완성했다. 1889년, 44세의 나이에 쓰러진 뒤 마비 증상과 혈관성 치매(추정)로 정신 기능을 완전히 상실했다. 어머니가 세상을 떠날 때까지 그녀의 보호를 받으며 살았고, 1897년 이후로는 두 살 어린 여동생 엘리자베트 푀르스터 니체(Elisabeth Förster-Nietzsche, 1846년~1935년)와 같이 살았다. 1900년 여러 차례의 뇌졸중과 폐렴으로 고생하던 중 사망했다.

니체의 작품은 시, 소설, 철학적 논쟁, 문화 비판 등 다양한 장르를 아우르며, 아포리즘과 아이러니를 즐겨 사용하는 특징을 보인다. 그의 철학의 두드러진 요소로는 진리에 대해 급진적으로 비판하는 관점주의(perspectivism : 세상의 모든 현상이 끊임없이 변화하기 때문에 보편적, 객관적, 절대적 진리란 존재하지 않는다는 주장), 종교와 기독교 도덕에 대한 계보학적 비판, 이와 관련된 주종(主從) 도덕 이론, '신의 죽음'과 이로 인한 허무주의에 대항하는 삶의 미학적 긍정, 아폴론과 디오니소스적 힘(Apollonian & Dionysian Forces)의 개념, 권력에의 의지(the Will to Power)로 통칭되는 경쟁적 의지의 표현으로서의 인간 주체 등을 들 수 있다. 그는 또한 '초인 (Übermensch)', '영원한 회귀(Eternal Return)'와 같은 영향력 있는 개념을 발전시켰다. 후기 작품들을 통해 새로운 가치와 미적 건강성을 추구하는 과정에서는 문화적, 도덕적 규범을 극복하려는 개인의 창조적 힘에 대한 집념이 점점 더 커졌다. 그는 그리스 비극과 조로아스터, 아르투르 쇼펜하우어, 랄프 왈도 에머슨, 리하르트 바그너, 요한 볼프강 폰 괴테 등으로부터 영감을 받아 예술, 문헌학, 역사, 음악, 종교, 비극, 문화, 과학 등 다양한 주제를 다루었다.

니체가 사망한 뒤 여동생 엘리자베트가 그의 저작물 관리인이자 편집자가 되었다. 그녀는 니체의 미발표 저작물을 자신의 독일 극단 민족주의 사상에 맞게 편집한 뒤 출판했다. 이 과정에서 니체가 명백하게 반대했던 반유대주의와 민족주의를 삽입하고, 니체의 본래 의견을 왜곡하거나 은폐하는 경우가 많았다. 그녀가 니체의 저작물을 왜곡 출판함에 따라 니체의 작품은 파시즘과 나치즘에 관련되었다는 오해를 받았다. 이에 발터 카우프만(Walter Kaufmann), R. J. 홀링데일(R. J. Hollingdale), 조르주 바타유(Georges Bataille) 등 20세기의 대표적인 학자들은 이러한 해석에 맞서 니체의 원래 주장을 옹호하고, 왜곡된 저작물들을 수정하여 출판하도록 만들었다.

니체의
생애

01

젊은 시절
(1844~1868)

1844년 10월에 태어난 니체는 프로이센 작센 주(州) 뢰켄(Röcken, 현재 뤼첸Lützen에 속함)에서 성장했다. '프리드리히 빌헬름 니체'라는 이름은, 그가 태어난 날 49세 생일을 맞은 프로이센의 프리드리히 빌헬름 4세 왕의 이름을 딴 것이었다(니체는 나중에 자신의 중간 이름인 빌헬름을 버렸다). 니체의 아버지는 루터교 목사이자 전직 교사였던 칼 루드비히 니체(Carl Ludwig Nietzsche), 어머니는 프란지스카 니체(Franziska Nietzsch(처녀 때의 성은 외흘러Oehler)였는데, 두 사람이 결혼한 해는 1843년으로 그다음 해 프리드리히가 태어났다.

1846년엔 니체의 여동생 엘리자베트가 태어났다. 그로부터 두해 뒤인 1848년에 니체의 아버지 루드비히가 뇌 질환으로 인해 말로는 다 표현 못 할 고통을 겪다 세상을 떠났다. 불과 6개월 뒤엔 남동생이 죽었다. 니체가 겨우 네 살 때의 일이었다. 그 뒤 가족은 나움부르크로 이주하여 니체의 외할머니, 결혼하지 않은 두 명의 고모와 함께 살았다. 1856년 할머니가 돌아가신 뒤 가족이 이사한 집은 현재 박물관이자 니체 연구 센터로 사용 중이다.

1854년, 나움부르크에 있는 돔짐나지움(Domgymnasium, 일종의 고등학교로 특히 언어, 문학, 역사 등 인문학에 중점을 둔다)을 다니기 시작했다. 남자 학교에 다니다가 사립 학교로 옮기게 된 것인데, 이때 니체는 구스타프 크루그(Gustav Krug), 빌헬름 핀더(Wilhelm Pinder)와 친구가 되었다. 모두 명망 있는 집안 출신이었다.

니체가 다녔던 학교의 학적 기록에는 그가 기독교 신학에 뛰어났다고 기록되어 있다. 그러나 병약하고 두통을 자주 앓은 탓에 홀로 시 창작과 작곡에 몰두하곤 했다. 1858년, 국제적으로 인정받는 슐프포르타(Schulpforta, 수도원에 있는 학교)에 입학했다. 그의 성적은 상위권에 근접하지 못했지만(1864년 3월 학기말 시험에서 종교와 독일어는 1등급, 그리스어와 라틴어는 2A등급, 프랑스어, 역사, 물리학은 2B등급, 히브리어와 수학은 '부진한' 3등급을 받았다), 아버지가 목사로 국가를 위해 일했던 공로로 장학금을 받으며 공부할 수 있었다.

1864년까지 그곳에서 공부하는 동안 나중에 법학자가 된 파울 도이센(Paul Deussen), 칼 폰 게르스도르프(Carl von Gersdorff)와 친구가 되었다. 또한 나움부르크에서 여름을 보내는 동안 음악과 문학 클럽인 '게르마니아(Germania)'를 이끄는 등 시와 작곡에 시간을 할애했다. 슐프포르타에서 쌓은 그리스어, 라틴어, 히브리어, 프랑스어 실력은 그가 평생 주요 원전을 읽고 연구할 수 있게 했다.

이 무렵 니체는 가족과 떨어져 보수적인 작은 마을에서 지냈다.

　1858년, 아마추어 작곡가였던 니체는 나움부르크의 슐프포르타에서 성악, 피아노, 바이올린을 위한 여러 작품을 작곡하기 시작했다. 그러나 세간의 평은 썩 좋지 못했다. 니체가 1871년 리하르트 바그너의 아내 코시마에게 자신이 작곡한 피아노곡을 생일 선물로 보냈을 때, 바그너도 니체의 음악 수준을 조롱했다고 알려졌다. 독일의 지휘자이자 피아니스트인 한스 폰 뷜로우(Hans von Bülow)는 니체의 또 다른 곡을 "내가 오랫동안 마주한 악보 중 가장 불쾌하고 반음악적인 초안"이라고 표현하기도 했다.

　슐프포르타에 다니는 동안 니체는 자신에게 어울리지 않는다고 생각해 왔던 분야를 탐닉했다. 당시 거의 알려지지 않았던 프리드리히 횔덜린(Friedrich Hölderlin, 고대 그리스를 동경하여 낭만적 · 종교적인 이상주의를 표현한 독일 시인)의 작품을 알게 된 것이다. 니체는 한 에세이를 통해 "내가 가장 좋아하는 시인"이 의식(意識)을 '가장 숭고한 이상주의' 수준으로 끌어올렸다고 칭찬했다.

　그 에세이를 검토한 선생님은 좋은 점수를 주었지만, 코멘트를 달아 니체가 앞으로 더 건강하고 더 명료하며 보다 '독일적인' 작가들에게 관심을 기울여야 한다고 조언했다.

　한편 니체는 괴짜이자 신성 모독적이며 종종 술에 취해 있던 시인 에른스트 오르틀레프(Ernst Ortlepp)를 알게 되었는데, 이 시인은 니체와 만난 지 몇 주 뒤 도랑에서 죽은 채 발견되었다. 오르틀레프는 니체에게 리하르트 바그너의 음악과 글을 소개해 준 시인으로 추측된다. 그의 영향 때문인지 니체는 리히터라는 친구와 술에 취해 학교에 돌아왔다가 선생님에게 발각되었고, 그로 인해 우등생 자격을 박탈당했다.

1864년 9월에 졸업한 니체는 목사가 되기를 희망하여 본대학교(University of Bonn)에서 신학과 고전 문헌학을 공부하기 시작했다. 잠시 학생동맹인 부르셴샤프트 프랑코니아(Burschenschaft Frankonia)의 회원이 되기도 했다. 한 학기 뒤, 어머니의 분노에도 불구하고 신앙을 상실하여 신학 공부를 중단했다.

니체는 1862년에 작성한 에세이 〈운명과 역사(Fate and History)〉에서 자신은 이미 역사 연구를 통해 기독교의 중심 가르침을 불신하게 되었다고 주장했지만, 독일의 자유주의 신학자 데이비드 스트라우스(David Strauss)의 《예수의 생애(Life of Jesus)》가 젊은 그에게 깊은 영향을 미친 것으로 보인다. 게다가 루드비히 포이어바흐(Ludwig Feuerbach)는 《기독교의 본질(The Essence of Christianity)》에서 사람들이 신을 창조한 것이지 그 반대가 아니라는 주장을 펴 젊은 니체에게 영향을 미쳤다. 1865년 6월, 20세의 니체는 신앙심이 돈독한 여동생 엘리자베트에게 신앙을 잃었다는 내용의 편지를 보냈다. 이 편지에는 다음과 같은 내용이 담겨 있다.

그러므로 사람의 길은 갈라진다. 영혼의 평화와 쾌락을 위해 노력하고자 한다면 믿으라 : 진리의 신봉자가 되고자 한다면 엄중히 조사해 봐야 한다.

1865년, 니체는 라이프치히대학교(University of Leipzig)에서 프리드리히 빌헬름 리츨(Friedrich Wilhelm Ritschl) 교수의 지도하에 문헌학(philology)을 집중적으로 공부했다. 그곳에서 동료 학생 에르빈

로데(Erwin Rohde)와 절친한 친구가 되었다. 그로부터 얼마 지나지 않아 니체의 첫 문헌학 저작물이 출간되었다.

1865년, 아르투어 쇼펜하우어(Arthur Schopenhauer)의 작품을 깊이 연구했다. 니체는 쇼펜하우어의 《의지와 표상으로서의 세계(The World as Will and Representation)》를 읽고 철학적 관심을 갖게 되었다. 그는 나중에 쇼펜하우어를 존경하는 몇 안 되는 사상가 중 한 명으로 인정했고, 자신의 저작물 《시대에 맞지 않는 고찰(Untimely Meditations)》(1876년)에서 〈교육자로서의 쇼펜하우어(Schopenhauer as an Educator)〉라는 제목의 에세이를 헌정하기도 했다.

1866년, 프리드리히 알버트 랑게(Friedrich Albert Lange)의 《물질주의의 역사(History of Materialism)》를 읽었다. 랑게가 서술한 칸트의 반물질주의 철학, 유럽 물질주의의 부상, 과학에 대한 유럽의 점증하는 관심, 찰스 다윈의 진화론, 그리고 전통과 권위에 대한 일반적인 반란은 니체를 크게 매료시켰다.

1867년, 나움부르크의 프로이센 포병대에서 자발적으로 1년간 복무하기로 서명했다. 그는 동료 신병 중에서 뛰어난 기수로 평가받았다. 장교들은 니체가 곧 대위 계급에 오를 것으로 예측했다. 하지만 1868년 3월, 말에 오르던 중 니체는 가슴을 안장 앞부분에 부딪혀 왼쪽 옆구리 근육 두 개를 다쳤다. 이로 인해 매우 쇠약해져 몇 달 동안 걸을 수 없었다. 덕분에 그는 다시 학업에 집중하여 1868년에 졸업했다. 그해 말 니체는 리하르트 바그너를 처음으로 만났다.

02
바젤대학교 교수 시절
(1869~1879)

1869년 3월, 불과 24세였던 니체는 박사학위를 마치지도 교수 자격증을 받지도 못한 상태였지만 리츨의 후원으로 라이프치히 대학교에서 명예박사학위를 받았다. 같은 해에 리츨은 스위스 바젤대학교의 고전 문헌학 교수 자리를 제안했다. 당시 니체는 문헌학에서 과학으로 전공을 바꿀까 고민하기도 했었지만 그 제안을 받아들였다. 오늘날까지도 니체는 기록상 최연소 종신 고전학 교수로 남아 있다.

니체는 1870년, 〈디오게네스 라에르티우스의 근원에 대한 연구와 비평에 대한 기여(Beiträge zur Quellenkunde und Kritik des Laertius Diogenes)〉라는 제목의 박사학위 논문을 계획했다. 이 논문은 디오게네스 라에르티우스 사상(思想)의 기원을 추적하는 데 초점을 맞춘 것이었는데, 당시에는 기획에 머물렀지만 나중에 바젤에서 축하문집(Gratulationsschrift)으로 출판되었다.

바젤로 이사하기 전에 니체는 자신의 프로이센 국적을 포기했다. 그리고 나머지 생애 동안 공식적으로 무국적 상태를 유지하게 된다. 그런데도 니체는 프랑코-프로이센 전쟁(1870~1871년) 당시 프로이센 군대에서 의무병으로 복무했다. 짧은 군 복무 기간 동안 그는 많은 것을 경험하고 전투의 충격적인 장면을 목격했다. 또한 디프테리아와 이질에 걸리기도 했다. 철학자 월터 카우프만(Walter Kaufmann, 프린스턴대학교 교수)은 이 시기에 니체가 다른 감염병과 함께 매독에도 감염되었을 것으로 추측했다.

1870년 바젤로 돌아온 니체는 독일 제국의 설립과 오토 폰 비스마르크의 정책을 외부인의 시각으로, 그리고 그 진정성에 대해 어느 정도 회의적인 시각으로 관찰했다. 대학에서의 그의 첫 강의는 '호머와 고전철학'이었다. 이때 평생 친구로 남게 되는 신학교수 프란츠 오버벡(Franz Overbeck)을 만났다. 동료였던 역사학자 야콥 부르크하르트(Jacob Burckhardt)는 니체가 강의를 듣기 위해 자주 찾아갈 정도로 뜻이 통하는 사이였고, 러시아 철학자 아프리칸 스피르(Afrikan Spir, 《사고와 현실》을 저술함)로부터도 상당한 영향을 받았다.

니체는 1868년 라이프치히에서 리하르트 바그너를 만났고, 이후 바그너의 아내 코시마도 만났다. 그는 두 사람을 크게 존경했고 바젤에 머무는 동안 루체른의 트리브첸에 있는 바그너의 집을 자주 방문했다. 바그너 부부는 니체를 친교 서클의 일원으로 받아들였다. 그곳에는 피아니스트인 프란츠 리스트(Franz Liszt)도 있었다. 니체는 농담 삼아 리스트를 "여자를 좇는 예술가!"라고 불렀다. 그는 바이로이트 페스티벌(Bayreuth Festival, 바그너의 오페라가 공연되는 세계적인 음악 축제)에 관심을 기울이는 등 바그너와 교류를 이어갔다.

1870년, 생일을 맞은 코시마 바그너에게 '비극적 관념의 기원(The Genesis of the Tragic Idea)'이라는 제목의 원고를 선물했다. 1872년, 니체는 첫 번째 저서인 《비극의 탄생》을 출간했다. 그러나 리츨을 비롯한 그의 동료들은 이 작업에 별다른 흥미를 보이지 않았다. 고전적인 문헌학적 방법을 피하고 사변적인 접근 방식을 택했다고 보았기 때문이었다. 고전학자인 울리히 폰 빌라모비츠-빌렌도르프(Ulrich von Wilamowitz-Moellendorff)는 자신의 저서 《미래의 문헌학(Philology of the Future)》을 통해 《비극의 탄생》을 비판했다. 이에 대해 당시 킬대학교 교수였던 로데(Rohde)와 바그너는 니체를 옹호했다. 니체는 철학자 커뮤니티 내에서 고립감을 느낀다고 공개적으로 이야기했고, 바젤대학교 내에서 철학 교수로 자리를 옮기려고 시도했지만 실패했다.

1873년, 니체는 사후에 《그리스 비극 시대의 철학(Tragic Age of the Greeks)》으로 출판될 메모를 쌓기 시작했다. 1873년부터 1876년 사이에 〈데이비드 스트라우스, 고해성사와 작가(David Strauss: the Confessor and the Writer)〉, 〈삶을 위한 역사의 이용과 남용에 관하여(On the Use and Abuse of History for Life)〉, 〈교육자로서의 쇼펜하우어(Schopenhauer as Educator)〉, 〈바이로이트의 리하르트 바그너(Richard Wagner in Bayreuth)〉 등 네 편의 장편 에세이를 발표했다. 이 네 편의 에세이는 나중에 《시대에 맞지 않는 고찰(Untimely Meditations)》이라는 제목이 붙은 한 권의 책으로 출판되었다. 모두 쇼펜하우어와 바그너의 영향을 받은 독일 문화의 방향에 의문을 제기하며 문화를 비판하는 데 초점을 맞춘 것이었다.

바그너 서클에서 지내던 이 시기에 그는 말비다 폰 마이젠부크(Malwida von Meysenbug)와 한스 폰 뷜로우(Hans von Bülow)를 만났다.

1876년에는 초기 저작에 담긴 비관주의를 떨쳐버리도록 영향을 준 파울 레(Paul Rée)와 친교를 시작했다. 그러나 니체는 1876년 바이로이트 페스티발에서 쇼의 진부함과 대중의 천박함에 크게 실망했다. 그는 바그너가 '독일 문화'를 강력하게 지지하는 것에 거리감과 모순성을 느꼈다. 또한 바그너가 독일 국민 사이에서 인기를 누리는 것에 대해서도 불만을 품었다. 이러한 모든 요인으로 인해 니체는 바그너와 결별하기로 마음먹었다.

1878년, 형이상학에서 도덕과 종교에 이르는 주제를 다룬 아포리즘 모음집인 《인간적인, 너무나 인간적인(Human, All Too

Human)》을 발표하면서 니체의 작품은 새로운 스타일을 취하게 된다. 이는 아프리칸 스피르의 《사유와 현실(Thought and Reality)》의 영향을 크게 받은 것으로, 바그너와 쇼펜하우어의 비관적 철학에 대한 반작용이었다. 주변 인물들과의 우정도 점차 식어갔다. 니체와 도이센, 로데와의 우정도 식어갔다. 1879년, 건강이 크게 악화된 니체는 바젤대학교에서 사임하고 연금에 의지하는 생활을 시작했다. 어린 시절부터 그를 괴롭히던 다양한 장애와 질환에는 거의 실명에 이르게 한 근시, 편두통, 격렬한 소화불량 등이 있었다. 1868년 승마 사고와 1870년 전쟁터에서 얻게 된 질병은 바젤에 머무는 내내 건강 문제를 악화시켰다. 그는 점점 더 긴 휴식 시간을 가져야 했고, 결국 규칙적으로 일을 지속하는 것이 불가능해지고 말았다.

03
독자적인 철학자 시절
(1879~1888)

바젤에서 받은 연금과 친구들의 도움으로 생활하던 니체는 건강히 지내기에 더 적합한 기후를 찾기 위해 자주 여행을 다녔다.

그는 1889년까지 여러 도시에서 독립적인 작가로 살았다. 스위스 생모리츠 근처의 실스 마리아에서 많은 여름날을 보냈고, 겨울은 이탈리아의 제노바, 라팔로, 토리노, 프랑스의 니스에서 보냈다.

1881년 프랑스가 튀니지를 점령했을 때는 유럽을 외부에서 바라보기 위해 아프리카 튀니지로 여행할 계획을 세웠지만, 아마도 건강상의 이유로 그 계획을 포기했다. 니체는 때때로 가족을 만나기 위해 나움부르크로 돌아갔다. 가족과 같이 있는 동안 여동생 엘리자베트과 말다툼을 벌이다가 화해하기를 반복했다.

제노바에 체류하던 시절, 니체는 계속 글을 쓸 수 있는 수단으로 타자기를 사용하게 되었다. 시력 저하 때문이었다. 그는 현대식 타자기 장치인 한센 라이팅 볼(Hansen Writing Ball)를 사용한 것으로 알려져 있다. 니체의 제자 중 한 명인 피터 가스트를 개인 비서로 두기도 했다. 가스트는 니체가 리하르트 바그너를 바이로이트에서 처음 만났을 때인 1876년, 스승의 난해한 원고를 필사하는 일을 도왔다. 그 뒤에 그는 니체가 작성한 대부분의 초고를 필사하고 교정하는 일을 맡았다.

가스트는 니체가 그를 비평하도록 허락한 몇 안 되는 친구 중 한 명이었다. 가스트는 《자라투스트라는 이렇게 말했다(Thus Spoke Zarathustra)》를 정말 좋아했는데, 니체가 말한 '여분의(extra)' 사람들이 실제로는 매우 중요하다고 생각했다. 그는 염소젖 치즈만 먹었던 철학자 에피쿠로스(Epicurus)처럼 아주 소박하게 살아가는 사람조차도 여전히 다른 사람들의 도움이 필요하다면서 농부, 양치기, 상인 등 에피쿠로스에게 치즈를 가져다주는 데 관여했을 모든 다양한 사람들을 나열했다.

가스트와 오버벡은 니체의 마지막까지 변함없이 충실한 친구로 남았다. 말비다 폰 마이센버그는 바그너 서클 밖에서도 어머니 같은 후원자 역할을 유지했다. 니체는 음악평론가 칼 푹스(Carl Fuchs)와도 교류했다. 그는 가장 생산적인 시기의 시작점에 서 있었다. 1878년 《인간적인, 너무도 인간적인》부터 1888년(집필을 중단한 시기)까지 니체는 매년 한 권의 책 혹은 책의 주요 부분을 출판했다. 심지어 마지막 해에는 5권의 책을 썼다. 짧은 시간에 불꽃처럼 많은 아이디어를 쏟아낸 셈이었다!

1882년, 니체는 《즐거운 학문(The Gay Science)》의 첫 번째 부분을 출간했다. 그해 그는 말비다 폰 메이센버그와 파울 레를 통해 작가인 루 안드레아스 살로메(Lou Andreas-Salomé)를 만났다.

살로메가 21살이 되던 해, 그녀의 어머니는 그녀를 로마로 데려갔다. 그곳의 한 문학 모임에서 살로메는 파울 레를 만났다. 레는 그녀에게 청혼했지만, 살로메는 다른 생각을 제안했다. 그녀는 두 사람이 '형제자매'처럼 함께 생활하고 배우며 다른 남자를 그룹에 포함시키자고 제안했다. 이렇게 하면 배움에 초점을 맞춘 커뮤니티를 만들 수 있다는 것이었다.

레는 이 아이디어를 받아들여 친구인 니체에게 함께할 것을 제안했다. 두 사람은 1882년 4월 로마에서 니체를 만났다. 니체도 레가 그랬던 것처럼 첫눈에 살로메를 사랑하게 되었다고 한다. 니체는 레를 통해 살로메에게 청혼했지만, 그녀는 거절했다. 살로메는 니체를 친구로 생각했지 전혀 남편감으로 여기지 않았다. 모든 것이 완벽하지는 않았지만 니체는 친구인 레, 살로메와 함께 아름다운 스위스와 이탈리아를 여행할 생각에 들떠 있었다. 심지어 그들은 '윈터플랜(Winterplan)'이라는 특별한 커뮤니티에서 함께 살 계획을 세우고 있었다.

그들은 살로메의 어머니와 함께 여행하며 그들이 꿈꾸던 멋진 공동체를 어디에 세울지 논의했다. 버려진 수도원 공동체에서 살고 싶었던 그들의 꿈은 적당한 장소를 찾지 못해 실현되지 못했다. 혼자 도시를 돌아다니던 니체는 살로메에게 결혼하자고 재차 설득했지만 그녀는 여전히 관심이 없었다. 일이 계획대로 진행되지는 않았음에도, 니체는 여전히 학문적 공동체에 대한 연구를 계속할 수 있어 기뻤다.

이 관계를 알게 된 니체의 여동생 엘리자베트는 '부도덕한 여자' 살로메로부터 오빠를 떼어놓기로 했다. 니체와 살로메는 튀링겐의 타우텐부르크에서 여름을 함께 보냈는데, 니체의 여동생 엘리자베트가 오빠의 보호자로 함께하기도 했다.

살로메는 니체가 자신에게 세 번 청혼했지만 매번 거절했다고 주장했다. 그러나 그녀의 주장이 사실인지에 대해선 확신할 수 없다. 독일 라이프치히에 도착한 살로메와 레는 니체와 헤어졌다. 이는 니체와 살로메 사이의 의견 불일치 이후 일어난 일로, 살로메는 니체가 자신을 깊이 사랑한다고 생각했다.

세 사람은 1882년 10월 라이프치히에서 몇 주를 함께 보냈지만, 다음 달 레와 살로메는 다시 만나자는 얘기도 없이 니체를 떠나 스티베(Stibbe, 오늘날 폴란드의 즈드보보Zdbowo)로 출발했다. 살로메, 레와 헤어진 뒤 니체는 정신적으로 힘든 시간을 보냈다. 그럼에도 불구하고 레에게 "우리가 가끔은 만나는 거지?"라고 묻는 편지를 계속해서 보냈다. 나중에 니체는 살로메의 마음을 얻으려는 시도가 실패한 여러 가지 이유를 되짚었다. 살로메, 레, 심지어 누이의 계략을 여러 차례 탓하기도 했다. 그의 누이는 살로메와 레의 가족에게 공동체 설립 계획을 방해하기 위한 편지를 썼던 것이었다. 1883년, 니체는 이 사건에 대해 "내 누이에게 증오를 느꼈다"고 썼다.

살로메와 관련하여 어머니와 여동생과의 불화 후 니체는 거의 고립된 상태로 살면서 병의 재발을 겪으며 지냈다. 그는 라팔로로 도망쳐 단 열흘 만에 《자라투스트라는 이렇게 말했다(Also Sprach Zarathustra)》의 첫 장을 완성했다.

1882년, 니체는 아편을 많이 사용했지만 여전히 잠을 잘 이루지 못했다. 1883년 니스(Nice)에 있을 때 그는 염소수화물이라는 수면제 처방전을 직접 작성하고 '니체 박사'라고 서명했다.

그는 더 이상 쇼펜하우어의 사상을 따르지 않기로 결심했다. 바그너와의 우정을 끊은 뒤 니체에겐 친구가 거의 남지 않았다. 《자라투스트라는 이렇게 말했다》에서의 새로운 글쓰기 형식─논문식이 아니라 산문시 형식─으로 인해 그의 작품은 사람들이 공감하기 어려워져서, 시장에는 예의상 최소한도로만 받아들여졌다. 니체는 이를 알고 불평을 많이 하면서 혼자 지냈다. 그의 책은 거의 팔리지 않았다. 1885년, 니체는 《자라투스트라》의 제4부를 40부만 인쇄하여 헬레네 폰 두르스코비츠(Helene von Druskowitz, 오스트리아 철학자) 등 가까운 친구 몇 명에만 나눠 주었다.

1883년, 라이프치히대학교에서 강사 자리를 얻으려 했지만 실패했다. 그가 피터 가스트(Peter Gast, 니체가 지어준 이름으로 본명은 하인리히 괴젤리츠(Heinrich Koselitz)에게 보낸 편지에 따르면, 이는 '기독교와 신(神)에 대한 개념에 대한 그의 태도' 때문이었다는 것이었다.

1886년, 니체는 출판업자 에른스트 슈마이츠너(Ernst Schmeitzner)와의 관계를 청산했는데, 이는 슈마이츠너의 반유대주의적 견해에 혐오를 느꼈기 때문이었다. 니체는 자신의 작품이 슈마이츠너의 '반유대주의 쓰레기 더미'에 완전히 묻혀 있다고 생각했다. 그 뒤 그는 자비(自費)로 《선과 악을 넘어서(Beyond Good and Evil)》을 인쇄했다.

또한, 이전 작품에 대한 출판권을 획득하고 다음 해에 《비극의 탄생(The Birth of Tragedy)》, 《인간적인, 너무나 인간적인(Human, All Too Human)》, 《아침놀(Daybreak)》, 《즐거운 학문(The Gay Science)》의 2판을 출간하면서, 자신의 작품 전체를 보다 일관된 시각으로 바라보는 새로운 서문을 실었다.

니체는 당분간 자신의 작업이 완성된 것으로 간주했다. 그리고 자신의 사상에 대한 독자층이 곧 형성되기를 바랐다. 실제로 이무렵부터 니체의 사상에 대한 관심이 증가하기 시작했지만, 그

증가 속도가 너무 느려서 거의 눈에 띄지 않았다. 이 시기에 니체
는 여성 역사학자 메타 폰 살리스(Meta von Salis), 시인 칼 스피텔러
(Carl Spitteler), 소설가 고트프리트 켈러(Gottfried Keller)를 만났다.

1886년, 니체의 여동생 엘리자베트는 반유대주의자인 베르나르
트 푀르스터와 결혼한 뒤 파라과이로 이주하여 게르만 식민지인
누에바 게르마니아(Nueva Germania)를 설립했다. 서신을 통해 니체
는 엘리자베트와 갈등과 화해를 반복했지만, 그의 발병 이후에야
다시 만나게 된다. 그는 빈번하고 고통스러운 질병 발작으로 지
속적인 작업이 불가능했다.

1887년에 니체는 문제작 《도덕의 계보(the Genealogy of Morality)》를 썼다. 같은 해에 표도르 도스토옙스키의 작품을 접하고 즉시 친근함을 느꼈다. 또한 그는 철학자 이폴리트 테인(Hippolyte Taine)과 게오르크 브란데스(Georg Brandes)와 편지를 교환했다. 1870년대에 세렌 키르케고르(Søren Kierkegaard)의 철학을 가르치기 시작한 브란데스는 니체에게 키르케고르를 읽어보라고 권하는 편지를 보냈고, 니체는 코펜하겐에 가서 그와 함께 키르케고르를 읽겠다고 답했다. 그러나 이 약속을 지키기 전에 니체는 깊은 병의 늪에 빠져버렸다. 1888년 초 브란데스는 코펜하겐에서 강의를 개설했고, 그것은 니체의 철학에 대한 최초의 강의 중 하나였다.

니체는 이전에 《도덕의 계보》의 말미에 〈권력에의 의지 : 모든 가치의 재평가 시도(The Will to Power: Attempt at a Revaluation of All Values)〉라는 제목의 새로운 글을 발표했다가 아이디어를 포기한 것으로 보이며, 대신 1888년에 일부 초고 구절을 사용하여 《우상의 황혼(Twilight of the Idols)》과 《안티크리스트(The Antichrist)》를 집필했다.

건강이 좋아진 그는 여름 동안 매우 행복했다. 1888년 가을, 니체는 작품과 편지로 자신의 중요성과 '운명'에 대해 더 깊이 생각한다는 것을 표현하기 시작했다. 그러나 자신의 작품에 대한 반응, 특히 그 무렵 논쟁을 불러일으킨 〈바그너의 경우(The Case of Wagner)〉에 대한 반응을 과대평가했다.

그는 《자라투스트라는 이렇게 말했다》와 《안티크리스트》를 완성한 뒤인 44번째 생일에 자서전인 《이 사람을 보라(Ecce Homo)》를 쓰기로 결심했다. 니체는 자신의 작품이 해석상의 어려움을 불러일으킬 것이라는 점을 잘 알고 있었다는 점을 암시하는 서론에서 이렇게 선언한다.

"내 말을 들어라! 나는 이런저런 사람이다. 무엇보다도 나를 다른 사람으로 오해하지 말아달라."

12월에 니체는 아우구스트 스트린드베리(August Strindberg)라는 작가와 편지를 주고받기 시작했다. 그는 자신이 당분간 세계적으로 유명해질 수 없다는 것을 알았기 때문에 출판사에서 자신의 오래된 책 판권을 회수하기로 했다. 그런 다음 다른 유럽 언어로 번역하고자 했다. 또한 《니체 대 바그너(Nietzsche contra Wagner)》라는 모음집을 출간하고, 《디오니소스-디티람보스(Dionysian-Dithyrambs)》모음집에 수록된 시를 출간할 계획이었다.

04

광기와 죽음
(1889~1900)

1889년 1월 3일, 니체에게 정신적인 문제가 드러났다. 토리노 거리 공공장소에서 소란을 피우는 그에게 두 명의 경찰이 다가갔다. 무슨 일이 일어났는지는 알려지지 않았지만 그의 사망 직후 종종 회자되던 이야기에 따르면, 니체가 카를로 알베르토 광장 반대편에서 말을 채찍질하는 장면을 목격하고 달려가 말의 목에 팔을 두르고 보호하려다가 땅에 쓰러졌다는 것이었다.

그 뒤로 며칠 동안 니체는 코시마 바그너(Cosima Wagne)와 야콥 부르크하르트(Jacob Burckhardt) 등 여러 친구에게 '망상 노트' 또는 '편지'라는 뜻의 짧은 메시지를 보냈다. 대부분의 메시지에는 '디오니소스(Dionysus)'라는 서명이 있었지만, 일부는 '십자가에 못 박힌 자'라는 뜻의 '데어 게크루지히테(der Gekreuzigte)'라는 서명이 있었다. 그는 전 동료였던 부르크하르트에게 편지를 보냈다.

나는 카야파스(Caiaphas, 그리스도의 사형을 판결한 최고 재판소의 의장)를 사슬에 묶었습니다. 작년에는 독일 의사들이 나를 매우 길고 고통스러운 방법으로 십자가에 못 박았습니다. 빌헬름, 비스마르크, 그리고 유대인에 반대하는 모든 사람들이 제거되었습니다.

정신 건강 위기를 겪는 동안 니체는 독일 황제에게 로마로 가서 처형당하라고 저주하고, 유럽 국가들이 독일을 공격해야 한다고 주장하는 등 망언을 서슴지 않았다. 또한 교황을 가둬야 하고, 자신에게 세상을 창조한 책임이 있다면서 모든 반유대주의자를 제거하고 싶다고 떠들어댔다. 하지만 이런 발언은 정신병 때문으로 전혀 현실에 기반하지 않은 것이었다.

1889년 1월 6일, 부르크하르트는 니체로부터 받은 편지를 오버 벡에게 보여주었다. 다음 날 오버벡도 비슷한 편지를 받고 니체의 친구들이 힘을 모아 그를 바젤로 데려와야 한다는 결론을 냈다. 오버벡은 토리노에 있던 니체를 바젤에 있는 정신과 클리닉에 입원시켰다.

그 당시 니체는 더 이상 손 쓸 수 없을 정도로 심각한 정신 질환에 빠진 것처럼 보였다. 그의 어머니 프란치스카는 예나에 있는 오토 빈스방거(Otto Binswanger)가 지휘하는 병원으로 그를 옮기기로 했다.

1889년 1월, 이미 인쇄가 완료된 《우상의 황혼(Twilight of the

Idols)》이 출판되었다. 1889년 11월부터 1890년 2월까지 미술사학자 율리우스 랑베른(Julius Langbehn)은 일반적인 의학적 치료법이 니체의 병에 효과가 없다고 판단하여 자신의 방법으로 치료를 시도했다. 랑베른은 점차 니체를 더 많이 통제했고, 그의 비밀스러운 행동은 결국 사람들에게서 불신을 받았다. 1890년 3월, 니체의 어머니 프란치스카는 니체를 병원에서 데리고 나왔다.

같은 해 5월엔 그를 나움부르크에 있는 자신의 집으로 데려왔다. 오버벡과 가스트는 니체의 상황을 처리하면서 아직 출판되지 않은 그의 작품을 어떻게 관리할지 고민했다. 2월에 그들은 《니체 대 바그너(Nietzsche contra Wagner)》 50부를 비공개 인쇄할 계획을 세웠다. 그러나 출판업자 C. G. 나우만(C. G. Naumann)은 그들에게 알리지 않고 100부를 인쇄했다. 오버벡과 가스트는 당시 많은 논란을 일으키던 《안티크리스트》와 《이 사람을 보라(Ecce Homo)》는 출판하지 않기로 했다. 니체에 대한 인지도와 반응이 처음으로 급상승했다.

1893년, 한편 니체의 여동생 엘리자베트는 남편의 자살 뒤에 파라과이의 누에바 게르마니아에서 독일로 돌아왔다. 그녀는 니체의 작품을 연구하면서 조금씩 출판에 대한 통제권을 강화했다. 오버벡은 해고되었고, 가스트는 마침내 그녀에게 협력하기로 했다.

1897년, 어머니 프란치스카가 사망하자 니체는 바이마르로 옮겨졌다. 그곳에서 여동생 엘리자베트가 그를 돌보면서 루돌프 슈타이너를 비롯한 사람들이 방문하는 것에 대해 통제권을 행사했다.

슈타이너는 1895년에 《프리드리히 니체 : 시대와의 투쟁가 (Friedrich Nietzsche : A Fighter Against His Time)》라는 책을 썼는데, 이 책은 니체의 작품을 최초로 찬양한 책 중 하나였다. 엘리자베트는 오빠의 복잡한 사상을 이해하는 데 도움을 받기 위해 슈타이너를 가정교사로 고용했다. 하지만 슈타이너는 그녀에게 철학에 관한 그 어떤 것도 가르치는 것이 불가능하다면서 몇 달 만에 포기했다.

니체의 정신 질환은 당시의 일반적인 의학 상식에 따라 처음에는 3차 매독이 원인일 것이라는 생각이었다. 많은 전문가들은 니체의 정신적 붕괴가 그의 철학적 사상과 무관하지 않다고 생각하지만, 프랑스 저술가 조르쥬 바타유(Georges Bataille)는 인간성을 온전히 포용하는 것도 광기로 이어질 수 있다는 좀 더 불길한 의견을 제시했다.

니체의 사후 정황들을 분석한 프랑스 철학자 르네 지라르(René Girard)는 니체가 숭배에 가까울 정도로 존경했던 리하르트 바그너와 복잡한 라이벌 관계를 맺고 있었으며, 이것이 니체의 심리 상태에 영향을 미쳤을 수 있다고 주장했다. 니체는 이전에 도덕적 제약에서 벗어나 새로운 규칙을 만들고 싶어 했던 모든 위대한 사람들은 실제로 미쳤거나 미친 척하는 것 외에는 선택의 여지가 없었다고 쓴 바가 있다(《아침놀》, 14쪽).

　한편 니체를 매독으로 진단한 데에 의문이 제기되었다. 정신분석가 에바 사이불스카(Eva Cybulska)는 니체의 상태에 대한 보다 정확한 진단으로 "주기적인 정신병과 혈관성 치매를 동반한 조울증을 앓고 있었을 가능성"을 제기했다. 미국의 의사이자 심리학자인 레오나드 색스(Leonard Sax)는 후안와 수막종으로 알려진 오른쪽 눈 뒤의 종양이 니체가 앓은 치매의 원인일 수 있다고 말했다. 니

체가 전두-측두엽 치매를 앓았을 가능성을 주장하는 연구자들이 있었고, 뇌졸중을 유발하는 유전적 질환인 카다실(CADASIL, 뇌의 작은 혈관에 영향을 미치는 희귀 유전 질환)이 니체의 정신병의 원인이라고 보는 연구자들도 있었다. 니체의 사망 당시 매독 치료제로 널리 쓰였던 수은에 중독되었을 가능성도 제기되었다.

1898년과 1899년에 니체는 최소 두 번의 뇌졸중을 겪었다. 뇌졸중은 부분적으로 그의 몸을 마비시켜 말하거나 걸을 수 없게 만들었다. 1899년경에는 왼쪽 편마비 증상을 겪었을 가능성이 높다. 니체는 친구와 코펜하겐에 여행하여 키르케고르(Kierkegaard)를 함께 읽고 《키르케고르의 심리(psychology of Kierkegaard)》를 저술할 계획이었으나 그의 병으로 무산되었다.

1900년 8월 중순 폐렴에 걸린 그는 24~25일 밤에 또다시 뇌졸중을 일으켜 8월 25일 정오쯤에 사망했다. 여동생 엘리자베트는 뤼첸에서 가까운 뢰켄의 교회에 매장돼 있던 아버지 옆에 그를 묻었다. 그의 친구이자 조수였던 가스트는 장례식에서 "당신의 이름이 우리 뒤를 잇는 모든 이들에게 영광이 되기를"이라고 추도했다.

엘리자베트는 오빠가 남긴 노트 중 출판되지 않은 것을 모아 니체가 사망한 뒤인 1901년 《권력에의 의지(The Will to Power)》라는 타이틀로 출간했다. 그녀가 니체의 저작 일부 내용을 수정하여 책을 구성했기 때문에 니체가 원했던 바를 제대로 보여주지 못한다는 것이 전문가들의 의견이다. 예컨대 엘리자베트는 《안티크리스트(The Antichrist)》에서 니체가 《성경》의 일부를 바꾼 35번 부분을 빼버렸다. 하지만 엘리자베트는 《권력에의 의지》의 서문에 그 작품의 편집은 자신이 아닌 피터 가스트가 맡았음을 분명히 한 바 있다.

05
시민권, 국적 및 민족

문화적 배경이나 언어를 강조하든 그렇지 않든, 니체 학자들뿐 아니라 일반 해석자들은 압도적으로 니체를 '독일 철학자'로 분류한다. 반면 그에게 국적을 부여하지 않는 사람들도 있다. 니체는 독일이 아직 국가로 통합되지 않았을 때 독일 연방에 속해 있던 프로이센의 시민으로 태어났다. 그의 출생지인 뢰켄은 지금 독일 작센안할트(Saxony-Anhalt)주에 속해 있다. 니체는 바젤에서 직장을 얻고 나서 프로이센 시민권의 말소를 신청했다. 그의 시민권이 1869년 4월 17일 자로 공식 말소되면서 그는 죽을 때까지 무국적자로 남았다.

말년에 접어들면서 니체는 자신의 조상이 폴란드인이라고 믿었다. 그는 특별한 상징이 새겨진 시그넷 반지를 끼고 있었는데, 이 반지는 중세 폴란드 귀족들이 사용했던 문장(紋章)과 관련이 있었다. '라드완(Radwan)'이라고 불리는 이 문장은 폴란드 귀족 가문인 '니키(Nicki)'와도 관련이 있는 것으로 추정된다. 니키 가문의 일원이었던 고타드 니체(Gotard Nietzsche)가 폴란드를 떠나 프로이센으로 이주한 뒤, 그의 후손들이 1700년경부터 작센주에 정착했다.

1888년, 니체는 자신이 '니츠키(Nietzky)'라는 성을 사용하는 폴란드 귀족의 후손이라고 말했다. 조상 중에 독일인 여성이 세 명이나 있었음에도 이러한 특성이 자신에게 강하게 남아 있다고 믿었다. 한때 니체는 자신의 폴란드 혈통에 대해 더욱 단호한 태도를 취하기도 했다.

"나는 나쁜 피는 단 한 방울도 섞이지 않은 순수한 폴란드 귀족이다. 절대로 독일인의 피는 아니다."

또 다른 기회에 니체는 이렇게 말한 적이 있었다.

"독일이 위대한 국가가 된 것은 국민의 혈관에 폴란드의 피가 많이 흐르고 있기 때문이다. … 나는 폴란드 혈통임을 자랑스럽게 생각한다."

니체는 한 편지에서 자신의 성(姓)의 뿌리가 폴란드 이름인 니츠키(Nietzky)일 수도 있다고 주장했다. 그는 조상들이 개신교 신자라는 이유로 박해를 받아 약 100년 전에 폴란드를 떠나서 작센으로 이주했다고 믿었다.

대부분의 전문가는 가족사에 대한 니체의 이야기에 동의하지 않는다. 심지어 독일인 사서(司書) 한스 폰 뮐러(Hans von Müller)는 니체의 여동생 엘리자베트가 자신들이 폴란드 귀족의 후손이라며 제시한 가계도가 틀렸다고 단언했다. 막스 외흘러(Max Oehler, 니체의 사촌으로서 니체의 저작을 관리했음)는 니체의 모든 조상이 독일 이름을 가졌으며 심지어 어머니 쪽도 그러하다고 주장했는데, 이는 니체의 폴란드 혈통에 대한 믿음과는 모순되는 것이었다.

외흘러에 의하면 니체의 조상은 아버지와 어머니 쪽 모두 전통적으로 루터교 목사 집안이었다. 요즘의 학자들 역시 자신의 가문이 폴란드 귀족에서 나왔다는 니체의 주장이 완전한 허구라 생각한다. 니체의 서간집을 편집한 콜리(Colli)와 몬티나리(Montinari)는 니체의 주장을 "잘못된 믿음"이자 "근거 없는 것"으로 일축했다. '니체'는 전혀 폴란드식 이름이 아니었다. 사실 독일 중부 지방에서는 '니체(Nitsche)', '니츠케(Nitzke)' 등 다양한 형태로 많이 쓰이는 꽤 흔한 이름이었다. '니체'라는 이름은 '니콜라스(Nikolaus)'라는 이름에서 유래한 것으로, 흔히 '닉(Nick)'으로 줄여서 부르기도 한다. 이 'Nick'은 슬라브어 'Nitz'와 섞여 시간이 지남에 따라 'Nitsche', 그러다가 'Nietzsche'로 변한 것이었다.

니체가 왜 자신을 폴란드 귀족의 후손으로 여겨지길 원했는지는 알려지지 않았다. 전기작가 R. J. 홀링데일(R. J. Hollingdale)은 니체가 폴란드 혈통 신화를 퍼뜨린 것은 '독일에 대한 저항 운동'의 일부였을 수 있다고 말했다. 니콜라스 모어(Nicholas D. More)라는 학자는 니체가 자신이 거창한 조상을 가졌다는 주장이 진심이 아니라고 말했다. 니체가 자신에 대한 인상적인 혈통을 꾸며냄으로써 전통적인 자서전을 조롱하고 있었을지도 모른다는 주장이었다. 그는 심지어 〈내가 현명한 이유(Why I Am So Wise)〉라는 소제목의 에세이가 들어 있는 저서 《이 사람을 보라(Ecce Homo)》가 사실은 풍자일 수 있다면서, 니체의 폴란드 계보설이 망상이 아니라 농담이었다고 결론을 내렸다.

06

인간관계와 성생활

니체는 결혼하지 않았다. 그는 루 살로메(Lou Salomé)에게 세 번이나 청혼했지만 매번 거절당했다. 일부 사람들은 살로메의 성(性)에 대한 관점이 니체와 멀어진 이유 중 하나라고 생각한다. 살로메는 1898년에 쓴 단편 소설 〈페니치카(Fenitschka)〉에서 성관계는 사람을 제한하는 것으로, 결혼은 사람의 자유를 **빼앗는** 것으로 묘사했다. 이를 두고 연구자들은 살로메가 자신의 성을 자유롭게 표현하는 데 어려움을 겪었고, 이러한 감정으로 인해 심각한 정서적 고통을 경험했다는 것을 암시한다고 해석했다. 한편 니체는 짝사랑이 고통스러울지라도 무미건조한 사람보다는 그 안에서 가치를 찾는 경우가 많다고 말했다.

파울 도이센(Paul Deussen)은 1865년 2월 쾰른의 사창가 사건을 철학자 니체의 사고방식, 특히 여성에 대한 이해에 중요한 역할을 한 것으로 인용했다. 니체는 사람들이 성관계를 하러 가는 곳에 비밀리에 끌려갔지만 화려한 옷과 베일을 걸친 여러 명의 여성을 보고 당황하여 서둘러 떠났다는 것이었다. 도이센에 따르면 니체는 영원히 독신으로 살기로 결심하지는 않았지만, 여성은 남성을 돌보는 데 집중하고 남성의 필요를 자신의 필요보다 우선시해야 한다고 믿었다고 한다.

요아힘 퀼러(Joachim Köhler)와 같은 일부 학자들은 니체가 동성애자라는 가정에 근거해 니체의 삶과 사상을 설명하려 시도했다. 퀼러는 니체가 쾰른이나 라이프치히의 사창가에서 매독에 걸렸다는 일반적인 이야기는 사실이 아니고, 다른 곳에서 매독에 걸렸을 가능성이 크다고 생각한다. 일부에서는 니체가 제노바의 남성 매춘 업소에서 감염되었다고 주장하기도 한다. 지그문트 프로이트(Sigmund Freud)는 니체에 대한 또 다른 연구자인 오토 빈스방거(Otto Binswanger)에게서 얻은 정보를 바탕으로 니체가 남창 업소에서 병에 걸렸을 수도 있다고 생각했다.

퀼러는 니체가 파울 레(Paul Rée)와 우정뿐만 아니라 로맨틱한 관계를 유지했을 가능성을 언급했다. 비엔나 정신분석학회의 일부 사람들은 니체가 동성에게 매력을 느꼈을 것이라고 믿었다. 이런 생각은 부분적으로 "니체는 여성과 육체적 관계를 맺은 적이 없다"는 그의 친구 파울 도이센의 주장에 근거한 것이었다.

하지만 퀼러의 견해는 니체 학자와 논평가들 사이에서 널리 받아들여지지 않았다. 사학자 앨런 메길(Allan Megill)은 니체가 동성애자라는 주장을 단번에 일축할 수는 없지만 그 증거가 미약하다면서, 쾰러가 니체가 살았던 19세기와는 다른 현대의 성 관념을 바탕으로 니체의 행동을 잘못 해석하고 있을 수 있다고 보았다. 영국 사학자인 나이젤 로저스(Nigel Rodgers)와 철학자인 멜 톰슨(Mel Thompson)은 니체의 잦은 질병과 두통이 여성과의 교류를 제한했을 수 있다고 생각한다. 그러나 그들은 또한 니체가 작곡가 바그너의 아내인 코시마 바그너를 향해 가졌던 감정을 다른 여성들에게도 보인 사례가 있다고 주장한다.

퀄러의 섹슈얼리티에 기반한 해석이 니체의 철학을 이해하는데 도움이 되지 않는다는 학자들도 있다. 니체가 동성(同性)에게 끌리면서도 그것을 받아들이고 싶지 않았다면, 이는 자기 자신에게 솔직해야 한다는 본인의 철학에 모순되는 것이라고 주장하는 사람도 있다.

07
니체의 철학

니체의 철학은 자극적인 문체와 도발적인 사상으로 인해 열렬한 반응을 불러일으켜 왔다. 그의 작품에는 다양한 해석과 오해가 따르는 등 여전히 논란의 여지가 있다. 서양철학 분야에서 니체의 저술은 특정한 변화나 운동과 직접적으로 연결되지 않더라도 그 접근 방식과 제기하는 질문이 혁명적이라는 점에서 독특한 것으로 여겨진다. 또한 그의 철학은 유럽 문화 부흥의 토대가 되는 혁명적인 사고(思考)로 간주되기도 한다.

아폴로니안(Apollonian)과 디오니시안(Dionysian)

니체는 고대 그리스 신, 아폴론과 디오니소스에 기반해 두 가지 철학적 개념을 제시했다. 서로 반대되는 것 같지만 함께 작용하는 이 개념들은 《비극의 탄생(The Birth of Tragedy)》이라는 책을 통해 잘 알려졌지만, 시인 프리드리히 횔덜린(Friedrich Hölderlin), 그리고 고고학자 요한 요아힘 빙켈만(Johann Joachim Winckelmann, 디오니소스를 바쿠스Bacchus라는 이름으로 사용함)도 이에 대해 언급한 바가 있다.

니체는 고대 그리스의 연극이 실레누스(Silenus, 디오니소스의 양아버지이자 친구. 주정꾼이지만 '슬픈 지혜'를 전달해 주는 인물로 등장함)처럼 인생의 어두운 면을 보여준다고 생각했다. 이러한 연극을 보는 사람들은 우울해하기보다는 오히려 살아 있다는 사실에 더 흥분한다는 것이다. 두려움에 맞서면서 나쁜 일이 있어도 삶은 여전히 좋다는 것을 확인하기 때문이었다. 그의 저서 《비극의 탄생(The Birth of Tragedy)》에서는 위대한 연극과 비극이 두 가지 다른 창조적인 힘을 섞음으로써 나온다고 말한다. 하나의 힘은 큰 파도처럼 거칠고 감정적이며, 다른 하나의 힘은 아름다운 조각상처럼 차분하고 질서정연하다. 이 두 가지 힘이 함께 모이면 정말로 강력한 무언가를 만들어낸다는 것이다.

니체는 고대 그리스 극작가들만큼 대립하는 이 두 가지 아이디어를 잘 결합할 수 있는 사람들이 없었다고 말한다. 한 아이디어는 질서, 이성과 같고 다른 하나는 열정, 연결과 같다. 그는 그리스인들이 이렇듯 대립하는 것들을 섞는 데 능숙했다고 말했다.

니체는 '마음과 질서의 세계'와 '열정과 혼돈의 세계'가 그리스 문화의 근본적인 원칙을 형성한다고 생각했기 때문에 이 두 가지 힘을 사용했다. 아폴론적인 것은 환상으로 가득한 꿈의 상태를 나타내며, 디오니소스적인 것은 본능의 해방과 경계의 소멸을 나타내는 도취 상태를 나타낸다. 이런 틀에선 인간은 사티로스(satyr, 고대 그리스 신화에서 숲의 신. 남자의 얼굴, 염소의 다리와 뿔을 가졌다)와 같다. 그는 자신의 정체성을 잃는 것을 두려워하면서도 동시에 그것을 없애는 것을 즐긴다.

니체는 비극에 질서와 혼란의 두 가지 스타일이 혼합되어 있다고 보았다. 이야기의 주인공은 불공평하고 혼란스러운(디오니소스적) 상황에서 질서(아폴론적인 것)를 만들려고 하지만 결국 목표를 이루지 못하고 죽음을 맞이한다. 니체는 자신의 이론을 셰익스피어의 작품에 적용해 《햄릿》을 해석한다. 즉, 주인공 햄릿은 뭔가를 결정하기 위해 고군분투하는 사상가로서 행동하는 사람과 극명하게 대조되는 인물이라는 것이다.

디오니소스적 인물은 자신의 행동이나 행위에도 불구하고 세상의 불변하는 본질을 바꾸지 못한다는 것을 이해하며, 이러한 이해가 너무 혐오스러워서 행동 자체를 하지 못한다고 말한다. 햄릿이 이 범주에 속하는 이유는 유령을 통해 평범한 세상 너머의 것을 보았기 때문이었다. 그는 진실을 깨닫고 자신의 어떤 행동으로도 이 현실을 바꿀 수 없다는 것을 깨닫는다. 연극 〈햄릿〉을 보는 관객들에게 이 비극은 니체가 원시적 통일성(Primordial Unity)이라고 이름 붙인 것을 느끼게 해주며, 각자의 디오니소스적인 측면을 일깨워준다.

니체는 원시적 통일성이 극도의 흥분에서 오는 힘을 증폭시키고 완전하고 풍부한 느낌을 준다고 말한다. 이 흥분은 취한 것과 같은 작용을 하며, 예술을 만들어낼 수 있는 몸의 상태에 필수적이다. 이 흥분 상태에 있을 때 예술을 창조하고자 하는 욕구가 강해진다.

이 상태의 사람은 자신의 에너지를 사용하여 주변의 모든 것을 더 좋게 만든다. 그에겐 그가 바라보는 것이 무엇이든, 하고 싶은 것이 무엇이든 더 크고, 더 단단하고, 더 강력하고, 에너지가 넘쳐 보인다. 이 상태의 사람은 자신의 힘을 반영할 때까지, 즉 자신이 얼마나 완벽한지 보여줄 때까지 사물을 변화시킨다. 사물을 완벽한 것으로 바꾸려는 욕구가 바로 예술의 본질이다.

니체는 아이스킬로스(Aeschylus)와 소포클레스(Sophocles)의 연극이 예술적 성취의 정점이자 진정한 비극의 형태라고 확신했다. 그는 에우리피데스(Euripides)와 함께 비극이 쇠퇴하기 시작했다고 보았는데, 이는 비극이 악화되어 몰락하고 종말을 향해 움직이기 시작한다는 것을 의미한다고 믿었다.

니체는 에우리피데스의 비극에 등장하는 소크라테스적 합리주의와 도덕성 사용에 반대하며, 윤리와 이성의 주입이 비극의 기초, 즉 디오니소스적 요소와 아폴론적 요소의 불안정한 균형을 빼앗는다고 주장했다. 소크라테스는 인간 지식에 신화와 고통의 가치를 희석시킬 정도로 이성을 강조했다.

플라톤은 그의 글 〈대화(Dialogues)〉 편에서 이러한 방향을 따라갔다. 이로 인해 현대 시대는 아폴론적 요소와 디오니소스적 요소 사이의 균형에서 볼 수 있는 예술적 경향보다 논리를 우선시하게 되었다. 니체는 아폴론적인 것이 없으면 디오니소스적인 것은 명확한 예술을 위해 필요한 형태와 조직을 갖추지 못하고, 디오니소스적인 것이 없으면 아폴론적인 것은 본질적인 에너지와 감정을 놓치게 된다고 지적했다. 예술로 결합된 이 두 힘의 생산

적인 상호작용이 그리스 비극을 뛰어나게 만들었다는 것이다.

  이 개념이 사물에 어떤 영향을 미쳤는지에 대한 좋은 예는 《문화의 유형(Patterns of Culture)》이라는 책에서 찾을 수 있다. 이 책에서 인류학자 루스 베네딕트(Ruth Benedict)는 니체에게서 유래한 '아폴론적인 것'과 '디오니소스적인 것'이라는 대조적인 사상이 아메리카 원주민 문화에 대한 생각을 촉발시켰다고 언급했다.

  칼 융(Carl Jung)은 심리유형론에서 이분법에 대해 폭넓게 저술했다. 미셸 푸코(Michel Foucault)는 자신의 저서 《광기와 문명(Madness and Civilization)》을 니체의 광범위한 연구의 맥락에서 이해해야 한다고 말했다. 푸코는 비극이 어떻게 시작되고 끝나는지에 대한 니체의 분석에 기반하여, 서구 세계의 후기 비극이 비극 자체를 거부하고 성스러운 것을 거부한 데서 비롯되었다고 주장한다. 추상표현주의의 대표적인 화가 마크 로스코(Mark Rothko)는 《비극의 탄생》에서 설명한 니체의 비극에 대한 관점으로부터 영감을 받았다고 한다.

관점주의(Perspectivism)

니체는 '신의 죽음'을 선언함으로써 사물에 대한 보편적인 관점이 존재할 수 없으며, 전통적이고 객관적인 진리의 개념도 일관성이 없다는 깨달음으로 이어질 것이라고 주장했다. 또 객관적 현실이라는 개념도 거부했다. 지식은 다양한 유동적인 관점이나 이해관계에 따라 우연적이고 조건적이며 상대적인 것으로 굴절되기 때문이라는 것이다. 이러한 아이디어는 철학과 과학적 방법에서 발견되는 원칙 등을 개인의 독특한 관점에 따라 지속적으로 재평가하는 결과를 가져오는데, 이러한 접근 방식을 관점주의라 부른다.

니체는 《자라투스트라는 이렇게 말했다(Thus Spoke Zarathustra)》에서 위대한 사람들 위에는 '가치의 표(table of values)'가 걸려 있다고 선언했다. 그는 구체적인 가치관은 사람마다 다를 수 있지만, 가치를 평가하거나 창출하는 행위는 다양한 문화권에서 공유되는 것이라고 강조했다.

그는 개인을 탁월하게 만드는 것은 무엇을 믿느냐가 아니라 사물에 어떤 가치를 부여하느냐에 달려 있다고 주장했다. 따라서 한 공동체가 표현하려고 노력하는 가치는 그 가치가 실현되는 것을 보고자 하는 집단 의지만큼 중요하지 않은데, 목표 자체의 가치보다 의지가 더 중요하다는 것이다. 그의 저작 속에서 자라투스트라는 "사람들은 천 개의 목표를 가지고 있다. 이는 천 개의 다른 집단이 있기 때문이다"라고 말한다.

모두가 따를 수 있는 하나의 목표로는 부족하다. 그래서 니체는 이 아포리즘의 제목을 '1001의 목표에 대하여(On The Thousand And One Goal)'라고 붙였다. 니체가 직접 말한 것은 아니지만 하나의 가치관이 다른 가치관보다 우월하지 않다는 생각은 이제 현대 사회과학의 일반적인 믿음이다. 막스 베버(Max Weber)와 마르틴 하이데거(Martin Heidegger)는 이 아이디어를 받아들여 자신 연구의 일부로 삼았다. 철학, 문화, 정치에 대한 그들의 사고에 영향을 미쳤다. 예를 들어, 베버는 니체의 '사물을 우리 자신의 관점에서 본다'라는 생각을 수용했다. 그는 우리가 여전히 객관적일 수 있지만, 우리의 관점, 가치관, 또는 달성하고자 하는 목표를 결정한 뒤에야 객관적일 수 있다고 말했다.

니체는《선과 악을 넘어서(Beyond Good and Evil)》에서 칸트, 데카르트, 플라톤과 같은 철학자들의 낡은 관념을 비판했다. 그는 칸트의 '사물 그 자체'나 데카르트의 "나는 생각한다, 그러므로 나는 존재한다" 등이 이전의 개념과 오류를 순진하게 받아들인 것에 기반한 신념이라고 공격했다.

철학자 알라스데어 맥킨타이어(Alasdair MacIntyre)는 니체를 철학사에서 매우 중요한 인물로 평가했다. 그는 니힐리즘과 니체의 사상을 전반적인 쇠퇴의 지표로 비판하면서도, 칸트와 흄의 도덕 철학 뒤에 숨겨진 심리적 이유를 파악한 것에 대해 니체를 칭찬했다.

니체는 역사상 정말 중요한 일을 했다. 그는 사람들이 객관적이라고 주장할 때 실제로는 자신의 개인적인 의견을 드러내고 있다는 사실을 다른 어떤 철학자보다 잘 깨달았다. 그는 또한 이것이 철학에 어떤 문제를 야기하는지도 이해했다.

도덕에서의 노예 반란

니체는 《선과 악을 넘어서(Beyond Good and Evil)》와 《도덕의 계보(On the Genealogy of Morality)》에서 우리의 옳고 그름에 대한 생각이 어떻게 변화했는지에 관해 설명한다. 그는 역사적으로 행동을 '선과 악(good and evil)'으로 생각하는 것에서 '좋음과 나쁨(good and bad)'으로 생각하는 큰 변화가 있었다는 점을 지적한다.

니체는 최초의 도덕이 고대 사회의 전사 귀족과 지도자들에 의해 만들어졌다고 말했다. 그들의 '선과 악'에 대한 생각은 노예와 같은 하위 집단과 비교하여 자신을 어떻게 보았는지에 기반했다. 그는 이를 '주인 도덕(Master Morality)'이라고 부르며 호메로스가 묘사한 고대 그리스와 같은 곳에서 시작되었다고 말했다. '선하다'는 것은 부와 권력 등 자신을 행복하게 하는 것을 소유하는 것을 의미했다. '나쁘다'는 것은 그들이 지배하는 노예처럼 가난하고 약하고 병든 존재로, 증오가 아닌 동정이나 혐오를 느끼게 하는 것을 의미했다.

'노예 도덕'은 '주인 도덕'에 대한 반작용으로 발전했다. 가치는 선과 악의 대비에서 나오는데, 선은 타자성(他者性), 자선, 경건,

절제, 온유, 복종과 연관되는 반면 악은 세속적이고 잔인하며 이기적이고 부유하고 공격적이다. 니체는 노예 도덕이 부정적이고 두려운 것이며, 그 가치는 노예들이 자신에 대해 더 나은 느낌이 들도록 만들어졌다고 생각했다. 그는 이러한 종류의 도덕을 유대교와 기독교적 신념과 연결하며, 노예들의 분노에서 비롯되었다고 말했다.

니체는 노예들이 자신을 혐오하지 않고 상황을 개선하는 데에 평등의 개념이 도움을 주었다고 믿었다. 그는 사람들 간의 자연스러운 차이, 즉 성공, 힘, 아름다움, 지능 등을 인정하지 않음으로써 노예들이 탈출구를 찾았다고 생각했다. 그들은 자신들을 괴롭힌 권력자들의 가치를 거부함으로써 새로운 가치를 창출할 수 있었다는 것이다.

이 아이디어는 노예의 주인이 더 많은 권력을 가지고 있었음에도 자신에 대해 더 나은 느낌이 들 수 있도록 도와주었다. 노예들은 자신의 약점이 그들의 잘못이 아니라 그들 자신의 선택에 의한 것이라고 믿었다. 예를 들어 그들을 '약하다'고 부르는 대신 '온화하다'고 불렀다. 이런 식으로 주인이 '좋다"고 생각하는 것(강하고 권력 있는)은 노예들의 마음속에서 '나쁘다'가 되었고, 주인이 '나쁘다'고 생각하는 것(약하고 무력한)은 노예들에게 '좋다'가 되었다.

니체는 노예 도덕을 유럽을 뒤덮은 허무주의의 원천으로 보았다. 현대 유럽과 기독교는 주인 도덕과 노예 도덕, 이 두 가지 모순된 가치 사이의 긴장으로 인해 위선적인 상태에 놓여 있으며, 이 두 가지 가치는 정도의 차이는 있지만 대부분의 유럽인들이 가진 가치를 결정한다고 생각했다.

니체는 모든 사람에게 적용되는 공통의 도덕성 때문에 특별한 사람들이 위축되지 않도록 격려했는데, 이는 이러한 도덕성이 비범한 사람들의 번영을 막는다고 생각했기 때문이었다. 도덕성 자체는 나쁜 것이 아니라 다수에게 유익한 것이므로 지켜야 한다면서도 특별한 사람들은 자신의 개인적인 지침을 따라야 한다고 말했다. 그는 이러한 생각을 표현하기 위해 "너 자신에게 진실하라"는 핀다로스(Pindar, 기원전 5세기 그리스 시인)의 말을 자주 인용했다.

니체에 대한 오랜 가정(假定) 중 하나는 그가 노예 도덕보다 주인 도덕을 선호했다는 것이다. 그러나 저명한 니체 학자 월터 카우프만(Walter Kaufmann)은 이러한 해석을 거부했다. 니체의 이 두 가지 유형의 도덕에 대한 분석은 단지 서술적이고 역사적인 의미에서만 사용되었을 뿐, 어떤 종류의 수용이나 찬양을 위한 것이 아니었다는 것이다. 니체는 주인 도덕을 "더 높은 가치의 질서, 고귀한 것, 삶에 '예스'라고 말하는 것, 미래를 보장하는 것"이라고 말했다. "인간과 인간 사이에 등급이 있듯이", "도덕과 도덕 사이에도 등급이 있다"는 것이었다.

니체는 기독교에서 발견되는 노예 도덕에 맞서 철학적 싸움을 벌였다. 그는 새로운 종류의 주인 도덕이 승리할 수 있도록 가치관을 바꾸고자 했으며, 이를 '미래의 철학'이라고 불렀다. 그의 저서 《선과 악을 넘어서(Beyond Good and Evil)》는 미래 철학의 시작이라고도 알려져 있다.

니체는 《아침놀(Daybreak)》에서 '도덕에 대한 전쟁'을 시작했다. 그는 스스로 '부도덕주의자(Immoralist)'라고 부르며 당대의 대표적인 도덕 철학인 기독교, 칸트주의, 공리주의를 신랄하게 비판했다. 니체의 "신은 죽었다"라는 개념은 기독교 교리에만 적용될 뿐 다른 모든 신앙에는 적용되지 않는다. 그는 불교가 비판적 사고를 촉진하는 성공적인 종교라고 칭찬했다. 그럼에도 니체는 자신의 철학이 예술 감상을 통해 허무주의에 대항하는 운동이라고 생각했다.

삶을 부정하려는 모든 욕망에 대항하는 가장 강력한 힘으로서의 예술, 그리고 기독교, 불교, 허무주의의 궁극적인 반대자로서의 예술.

니체는 기독교의 실천 방식이 예수의 가르침을 진정으로 반영하지 않는다고 비판했다. 기독교는 사람들이 예수처럼 살도록 격려하지 않고 예수의 메시지만 믿게 했고, 특히 타인을 판단하지 말라는 말씀을 실천하지 않았다고 지적했다. 그는 조직화한 기독교가 동정(pity)에 기반한 도덕성을 조장했는데, 이는 사회가 본질적으로 병들어 있음을 암시한다고 주장했다.

기독교는 고통받는 사람들을 불쌍히 여기는 데 초점을 맞추기 때문에 '동정의 종교'라고 불린다. 동정은 우리를 강하게 살아 있음을 느끼게 하는 감정과는 정반대이다. 동정은 우리를 슬프고 나약하게 만든다. 동정을 느끼면 우리의 힘이 사라진다. 다른 사람의 고통을 보고 느끼는 슬픔에 자신의 동정심을 더하면 슬픔은 더욱 심해진다. 동정은 주변에 고통을 퍼뜨려 더 많은 사람을 슬프게 만든다.

본질적으로, 동정은 고통의 경험을 확산시킨다는 것이다.

니체는 《이 사람을 보라(Ecce Homo)》에서 행동을 '선'과 '악'으로 구분하는 도덕 체계를 만든 것은 중대한 실수라면서 기독교 세계의 가치에 도전하고 다시 생각하기를 원했다. 그는 전통적으로 내려오는 도덕적 판단이 아닌 자연적이고 삶을 긍정하는 본능과 충동에 근거하여 무엇이 가치 있는지를 결정하는 방법을 도입하자고 주장했다.

니체는 유대교의 기반을 비판했지만 반유대주의자는 아니었다. 그의 저서 《도덕의 계보(On the Genealogy of Morality)》에서 그는 반유대주의를 분명히 비난했다. 그는 자신의 비판이 당시의 유대인들을 겨냥한 것이 아니라 고대 유대 성직자들을 겨냥한 것이라고 말했다. 흥미롭게도 그는 스스로 비판한 고대 성직자들이 확립한 바로 그 전통 위에 역설적이게도 반유대주의 기독교인들이 그들의 견해를 세웠음을 지적했다.

이스라엘의 한 역사학자가 유대인과 관련된 니체의 글을 통계적으로 분석한 결과, 상호 참조와 맥락을 고려할 때 니체의 부정적인 발언 중 약 85%가 실제로는 유대인에 대한 직접적인 공격이 아니라 기독교 교리에 대한 비판이나 리하르트 바그너를 비꼬는 말이었다는 사실이 발견됐다. 문맥과 상호 참조를 고려하면 니체가 유대인 자체를 공격한 것이 아니라는 것이 분명해진다는 것이다.

니체는 현대의 반유대주의가 '비열하고' 유럽의 이상(理想)에 위배된다고 말했다. 그는 그 원인을 유럽 민족주의의 성장과 유대인의 성공에 대한 고질적인 '질투와 증오'라고 생각했다. 그는 고대 그리스 철학에 대한 존중을 유지하면서도, "가장 고귀한 인간(그리스도), 가장 순수한 철학자(바뤼흐 스피노자), 가장 강력한 책, 세계에서 가장 효과적인 도덕 규범"을 탄생시킨 것에 기여한 유대인들에게 감사해야 한다고 썼다.

신(神)의 죽음과 허무주의

니체의 여러 저서, 특히 《즐거운 학문(The Gay Science)》에 나오는 "신은 죽었다"라는 문구는 그의 가장 유명한 말 중 하나이다. 이를 근거로 많은 사람들이 니체를 무신론자로 간주한다. 그러나 카우프만(Kaufmann)과 같은 학자들은 이 진술이 신(神) 개념에 대한 더 깊고 미묘한 이해를 나타낸다고 생각한다. 니체가 단순히 신의 존재를 부정하기보다는 전통적인 종교적 믿음의 쇠퇴와 그것이 사회와 도덕에 미치는 영향에 대해 언급한 것일 수 있다는 것이다.

니체는 기독교의 도덕적 가르침이 허무주의에 대한 대응으로 발전했다고 보았다. 기독교는 사람들에게 옳고 그름에 대한 관념, 신에 대한 믿음(세상에 악의 존재를 설명하는 데 사용할 수 있는), 객관적인 지식을 가질 수 있는 구조를 제공하고, 이 틀(framework)은 허무주의가 가져오는 무의미함에 대항하여 삶에 의미와 질서를 부여하기 위한 것이라고 본 것이다. 객관적 지식의 가능성을 허용하는 세계관을 창조하는 데 있어서 기독교는 근본적인 유형의 허무주의, 즉 무의미함과 절망에 대한 치료제 역할을 한다는 것이다. 하이데거(Heidegger)는 이 문제를 다음과 같이 설명했다.

> 모든 실재의 궁극적인 기반이자 목적으로 여겨지는 신이 더 이상 믿어지지 않고, 우리의 감각 너머의 세계(관념의 세계)가 의무를 부과하고, 활기를 불어넣고, 고양시키는 힘을 잃었다면, 인간이 삶의 지침으로 삼거나 의지할 것이 아무것도 남지 않는다. 이러한 관점은, 특히 실존적 의심에 직면했을 때, 삶의 방향성과 의미를 제공하는 데 있어서 신념 체계의 중요성을 강조하는 것이 된다.

니체는 의미 상실에 대한 대응을 수동적 허무주의로 파악했는데, 이는 쇼펜하우어의 비관적 철학에 반영된 개념이다. 니체가 서양 불교라고 부르기도 했던 쇼펜하우어의 가르침은 고통을 줄이기 위해 자신의 의지와 욕망에서 물러날 것을 제안한다.
니체는 이러한 접근 방식을 '무(無)에 대한 의지(Will to Nothingness)'

라고 설명하고, 삶을 이끄는 요소인 욕망과 야망을 부정함으로써, 존재의 고통과 투쟁에서 벗어나려는 시도라는 점을 강조했다. 그러나 니체는 이 입장의 모순을 지적한다. '무에 대한 의지'조차도 일종의 욕망 또는 의지를 나타낸다는 것이다. 모든 전통적인 가치와 목표를 거부하더라도 허무주의자는 여전히 무를 의지하는 일종의 의도나 선택을 한다고 본 니체는 허무주의 철학이 가진 복잡성과 역설적 성격을 다음과 같이 지적했다.

> 허무주의자는 현실 세계는 존재해서는 안 되며, 존재해야 할 세계는 존재하지 않는다고 판단하는 사람이다. 이 견해에 따르면 우리의 존재(행동, 고통, 의지, 느낌)는 아무런 의미가 없다. 이 '헛된 것(in vain)'이 허무주의자들의 파토스(pathos), 즉 허무주의자들의 모순이다.

니체는 허무주의의 문제를 단순히 철학적 또는 문화적 문제가 아닌 자신의 내면에서 완전히 실현된 지극히 개인적인 도전으로 보았다. 그는 허무주의를 단순한 위험이 아니라 심오한 변화의 기회로 인식했다.

니체가 보기에 허무주의의 출현은 인류가 치열한 자기 성찰을 할 수 있는 결정적인 전환점이었기 때문에 비난할 것이 아니라

환영해야 할 일이었다. 그는 허무주의와의 대결을 인류의 생명력
과 회복력을 시험하는 것으로 보고, 인간이 이 위기를 극복하고
더 강해질 수 있는지 아니면 허무주의에 압도될 것인지에 대한
의문을 제기했다. 이러한 관점은 실존적으로는 절망적인 상황에
놓여 있음에도 성장하고 변화할 수 있다는 니체의 믿음을 강조하
는 것이다.

　니체는 한 문화가 진정으로 번영하려면 먼저 허무주의와 맞서
고 극복해야 한다고 믿었다. 그는 허무주의의 도래를 사회가 보
다 진정성 있고 견고한 토대에 도달하기 위해 반드시 거쳐야 하
는 단계로 보았다. 허무주의의 도래를 앞당기고자 했던 그의 열

망은, 허무주의를 해결하고 극복해 삶의 긍정성에 기반한 문화적 쇄신의 길을 열고자 하는 열정에서 비롯되었다.

하이데거는 니체의 '신의 죽음' 선언을 해석하면서 이를 형이상학의 종말과 연결시켰다. 그는 니체의 선언은 형이상학(실재, 존재, 물리적 세계 너머의 본질에 관한 철학의 한 분야)이 그 가능성을 소진했다는 것을 의미한다고 해석했다.

하이데거에 따르면 "신은 죽었다"는 선언은 단순히 신앙의 위기가 아니라 형이상학적 탐구의 한계와 붕괴를 나타내는 보다 광범위한 실존적, 철학적 위기를 의미한다는 것이었다. 그는 니체의 사상이 향후 철학의 방향성에 대해 갖는 심오한 함의에 주목했다. 즉 현대성의 조건을 다루기 위해 전통적인 형이상학적 틀을 넘어서야 할 필요성을 시사하는 것으로 보았다.

일본 철학자 케이지 니시타니(Keiji Nishitani)와 비엔나대학교의 교수인 그레이엄 파크스(Graham Parkes) 같은 전문가들은 니체의 종교 사상을 불교, 특히 대승 전통의 가르침과 비교했다. 때로는 니체의 사상을 마이스터 에크하르트(Meister Eckhart)와 같은 가톨릭 정신적 지도자의 사상과 연결 짓기도 한다.

호주 철학자 앤드류 밀른(Andrew Milne)은 이러한 비교에 동의하지 않는다. 동서양의 종교 사상가들은 개인의 욕망과 자아를 포기하는 데 많은 초점을 맞추지만, 니체는 오히려 강한 자아를 가져야 한다는 생각을 지지한다고 보았다. 그는 종교에 대한 니체의 견해가 헤라클레이토스(Heraclitus), 엠페도클레스(Empedocles), 스피노자(Spinoza), 괴테(Goethe) 등 그가 존경했던 사상가들과 더 잘 연결된다고 믿는다. 특히 학자들이 종종 간과하는 괴테의 영향을 니체가 어떻게 받았는지에 주목한다.

밀른은 개인과 집단의 관계에 대한 괴테의 관점은 부분(개인)과 전체(우주 또는 사회) 사이의 양방향적 영향력을 시사한다고 설명한다. 즉, 더 큰 무언가의 일부라 해서 개인의 전체 가치가 정의되지는 않는다는 것이다. 이러한 개념은 개인이 더 큰 우주와 연결되어 있다고 느끼면서도 자신의 고유한 정체성과 자존감을 소중히 여기는 균형 잡힌 관점을 지지한다. 니체는 자신의 자존감과 개성을 유지하는 이 개념을 높이 평가하면서, 신(神) 또는 전체 속에서 자신을 잃어버리는 것을 강조한 에크하르트와 같은 신비주의자들의 가르침에는 이러한 개념이 빠져 있다고 생각했다.

연구에 따르면 니체는 1869년경부터 비관주의와 열반(nirvana), 무(無), 비존재 개념 등 허무주의와 자주 연관되는 주제에 관심을 가졌다. 그러나 1880년 중반에 이르러서야 자필 노트에 '허무주의(nihilism)'라는 용어를 개념적으로 사용하기 시작했다. 니체 사상의 이러한 변화는 당시 주목할 만한 저서인 N. 카를로비츠(N. Karlowitsch)의 《허무주의의 발전(The Development of Nihilism)》(베를린, 1880)이 출간된 시기와 일치한다. 이는 니체가 '허무주의'라는 용어를 사용하는 데 중요한 역할을 했음을 시사한다.

권력에의 의지

니체 철학의 핵심은 인간 행동의 근본적인 힘이라고 믿었던 '권력에의 의지(der Wille zur Macht)'라는 개념이다. 니체는 인간이나 동물에게 있어 자기 보존을 위한 욕구는 일반적으로 주된 동기(動機)가 아니라고 주장했다. 대신 그는 삶을 생존을 위한 싸움이 아니라 세상을 지배하고 자신의 힘을 발휘하기 위한 탐구로 보았다. 즉 자신을 유지하기 위한 노력은 종종 자신의 힘을 외부에 적용하려는 더 깊은 욕망의 결과일 뿐이라는 것이었다.

니체는 인간 행동 이론을 논의하면서 쇼펜하우어의 '방향성 없는 의지' 개념과 공리주의 원칙 등 당시의 지배적인 철학 사상에 도전하고 비판했다. 공리주의자들은 사람들이 행복 추구와 쾌락의 축적을 위해 움직인다고 주장한 데 대해 니체는 이러한 행복의 개념이 너무 협소하고 영국 사회의 부르주아적 생활 방식에 한정되어 있다고 일축했다. 대신 그는 행복 그 자체를 목표로 삼아서는 안 된다고 말했다.

니체에 따르면 진정한 행복은 장애물을 극복하고 자신의 의지를 성취하는 과정에서 부산물로 생겨난다는 것이었다. 이러한 관점은 진정한 만족은 단순한 쾌락 추구가 아닌 노력과 성취의 과정에서 비롯된다는 것을 뜻한다.

니체의 '권력에의 의지' 개념은 인간의 심리를 넘어 물리적이고 무기적인(inorganic) 세계를 포함한 현실 자체의 본질에 대한 추론으로 확장된다. 니체는 이 개념이 결정적이거나 최종적인 것으로 생각하지는 않았지만, 인간의 감정이나 욕구와 마찬가지로 물질 세계도 일종의 권력 의지의 영향을 받는다고 생각했다. 즉 '권력에의 의지'는 단순한 심리적 또는 사회적 현상이 아니라 가장 작은 입자부터 가장 큰 구조물에 이르기까지 우주 전체를 형성하는 보편적인 원리이며, 이 원초적 의지를 통해 모든 것이 심오하게 상호 연결되어 있음을 나타낸다고 보았다. 그의 이론의 핵심은 물질이 안정적이고 더 이상 나눌 수 없는 단위(원자)로 구성되어 있다는 원자론을 거부하는 것이었다.

니체는 '권력에의 의지'에 대한 그의 이론을 상호 작용하는 힘(force)에서 나타나는 측정 가능한 차이, 그리고 뚜렷한 특성 모두를 만들어내는 기본 요소라고 설명한다. 이 아이디어는 서로 다른 힘(force)을 하나로 모으는 주요 규칙으로서 '권력에의 의지'를 보여준다는 것이다. 그는 이러한 힘(force)을 단순한 욕망이나 추진력으로 볼 수 있다면서도 물체의 움직임이 불변의 자연법칙에 의해 통제된다는 생각에는 동의하지 않았다. 대신 사물이 움직이는 방식은 물체와 힘(force) 사이의 권력(power)과 영향력(influence)의 관계에 의해 결정된다고 믿었다.

일부 학자들은 니체가 물질세계를 권력 의지의 형태로 간주했다고 평가하지 않는다. 그가 형이상학을 철저히 비판하면서도 물질세계에 '권력에의 의지' 개념을 대입해 새로운 형이상학을 세웠다는 것이다. 그들은 니체가 《선과 악을 넘어서》의 아포리즘(Aphorism) 36에서 '권력에의 의지'가 물리적 세계에 존재하는지에 대해 의문을 제기했다는 점을 인정한다. 하지만 형이상학적인 '권력에의 의지'는 직접 출판하지 않은 노트에서만 논의됐다고 주장한다.

또한 그들은 니체가 1888년 실스 마리아(Sils Maria, 스위스의 마을)를 떠날 때 집주인에게 그 노트를 불태우라고 지시했다고 말한 일화를 언급한다. 즉 니체가 메모를 불태우기를 원했다는 이야기는 그가 정신이 멀쩡하던 막바지에 '권력에의 의지'에 대한 생각을 포기했음을 암시한다는 것이다.

하지만 독일 프리대학교(Free University)의 징 황(Jing Huang) 교수는 2019년에 발표한 논문을 통해 그들의 주장이 사실이 아니라고 말한다. 니체가 1888년에 일부 노트를 소각한 것은 맞지만, 그렇다고 해서 그가 '권력에의 의지'를 포기한 것은 아니라는 것이다.

1. 노트의 극히 일부만이 '권력에의 의지'에 관한 내용이었기 때문이다. 소각되지 않고 보존된 메모 11개 중 1개만 '권력에의 의지'에 관한 것이었고, 나머지 대부분은 도덕성 비판에 관한 내용이었다. 불에 태워지지 않은 '권력에의 의지'에 관한 노트는 그의 저서 《권력에의 의지》에 그대로 사용되었다.

2. 그가 일부 노트를 소각하기를 원했다고 해서 그가 '권력에의 의지' 개념에 대한 생각을 바꾼 것이라 단정할 수 없다.

따라서 일부 사람들의 주장처럼 니체가 죽기 전에 '권력에의 의지' 프로젝트를 포기했다는 생각이 뒷받침되지 않는다는 것이다.

한국어 표현인 《권력에의 의지》에서의 권력은 주로 정치권력, 교육권력 등 제도권이 주는 권력이란 인상이 있지만 어쩌면 '힘' 이 더 정확한 표현일지도 모른다.

영원회귀(Eternal Return)

'영원회귀(Eternal Return)'–'영원한 반복(Eternal Recurrence)'이라고 도 함– 는 우주가 무한한 시간이나 공간에서 무한히 반복됐고 앞 으로도 계속 반복될 것이라는 가설적 개념이다. 이 개념은 순전 히 물리적인 측면에 기반을 둔다. 어떤 신비로운 부활도 포함하 지 않지만, 존재가 같은 몸으로 돌아온다는 것이다.

니체는 《즐거운 학문》 341절의 이야기와 《자라투스트라는 이렇 게 말했다》의 '환영과 수수께끼에 대하여'라는 제목의 장 등 여러 절에서 처음으로 '영원회귀' 개념을 소개했다. 니체는 이 아이디 어가 사람들을 두려움에 떨게 할 수 있는 무서운 개념이라고 생 각했다. 그는 그 영향력이 인간이 상상할 수 있는 '가장 큰 부담 (das Schwerste Gewicht)'처럼 느껴진다고 말했다. 모든 일이 영원히 다시 일어나기를 바라는 것은 삶에 대한 가장 높은 형태의 '긍정'으로 여겨진다. 이 생각은 삶에 대한 욕망을 거부하는 쇼펜하우어의 생각과 상반된다. 영원회귀를 온전히 이해하고 받아들이려면 운명을 사랑하는 법, 즉 '운명애(Amor Fati)'를 배워야 한다는 것이다.

하이데거는 니체에 대한 강연에서 니체가 처음으로 영원회귀에 대해 이야기했을 때, 그것을 입증된 사실이 아니라 '만약 ~라면'이라는 가정으로 소개했음을 언급했다. 하이데거는 영원회귀라는 생각, 즉 그것이 가능할 수 있다는 사실과 그 가능성에 대해 깊이 생각하는 것만으로도 무거운 짐이 된다고 말했다. 그는 "니체가 '가장 큰 부담(Greatest Burden)'이라는 개념을 도입하는 방식(영원회귀)은 이 '모든 생각의 생각(Thought of All Thoughts, 궁극적 아이디어)'이 현대의 사고에서도 '가장 부담스러운 생각'임을 암시하는 것"이라고 말했다.

영원회귀는 개인의 모든 선택과 행동이 영원히 반복될 것이라는 점을 상기시켜주는 개념으로, 인간이 자신의 삶에 대해 진지하게 생각하고 각자의 선택과 행동을 통해 끊임없이 변화하여 새로운 의미를 창조해야 한다는 암시인 것이다.

초인(Übermensch)

  니체를 이해하는 데 중요한 또 다른 개념은 위버멘쉬(Übermensch, 초인)이다. 니체는 《자라투스트라는 이렇게 말했다》에서 허무주의에 대해 이야기하면서 '초인(Superman)'이라는 개념을 소개했다.

  니체 연구의 권위자인 로렌스 램퍼트(Laurence Lamper)는 "신이 죽은 것으로 간주된 뒤에도 오랫동안 종교적 헌신과 허무에 대한 믿음이 지속된다"라고 말했다. 자라투스트라는 슈퍼맨이 해결하고자 하는 문제가 무엇인지 모르는 사람들에게 슈퍼맨의 개념을 제시했다.

  '신의 죽음'과 허무주의의 대두로 인한 위기에 대해 해결책을 제시하며 새로운 가치를 창조하는 사람으로서의 초인을 소개한 것이다. 초인은 평범함을 지탱하는 평균적인 도덕성을 거부하고, 옳고 그름에 대한 전통적인 관념을 초월하여 대중과 구별되는 존재라는 것이다. 따라서 자라투스트라는 자신의 궁극적인 목표를 초인을 향한 진보라고 선언한다. 그는 신과 기독교와 깊은 관련이 있는 미신적 사상에 얽매인 도덕과 정의에 맞서 구시대적 신념을 넘어 자아를 실현하는 영적 성장을 옹호하며 다음과 같이 피력했다.

　나는 여러분에게 초인(Übermensch)을 소개하고자 한다. 인간은 뛰어넘을 수 있는 존재이다. 여러분은 인간을 넘어서기 위해 어떤 조치를 취했나? 지금까지 모든 피조물은 자신보다 더 위대한 것을 창조하는 것을 목표로 삼았는데, 여러분은 인류를 초월하기보다는 이 거대한 물결에서 후퇴하여 짐승으로 회귀하기를 원하는가? 유인원에게 인간은 어떤 존재인가? 농담이나 동정의 대상이다. 마찬가지로 인간도 우월한 존재인 초인(Übermensch)에게는 농담이나 동정의 대상으로 여겨질 것이다.

　여러분은 벌레에서 인간으로 진화해왔지만, 여전히 여러분 안에는 많은 벌레가 남아 있다. 한때 여러분은 유인원이었고, 지금도 인간은 어떤 유인원보다 더 유인원에 가깝다. 여러분 중 가장 똑똑한 사람도 그저 식물과 영혼의 혼합체일 뿐이다. 하지만 내가 여러분에게 영혼이나 식물이 되라고 말하고 있겠는가? 보라. 나는 여러분에게 초인으로 가는 길을 보여주고 있는 것이다!

　초인은 지구에 목적을 부여하는 존재이다. 초인이 지구의 의미라는 것을 선언하라. …인간은 짐승과 초인 사이의 다리, 즉 틈을 가로지르는 다리이다. …인간의 위대함은 목적지가 아니라 다리로서의 역할에 있다. 인간을 존경하게 만드는 것은 뛰어넘고 내려갈 수 있는 능력이다.

　자라투스트라는 초인와 그 반대 개념인 '마지막 인간(The Last Man)'이라는 두 가지 매우 다른 개념에 대해 이야기한다. 마지막 인간은 모든 사람의 평등을 중시하는 민주주의와 같은 사회에서 볼 수 있다. 마지막 인간은 중요한 것에 대해 신경 쓰지 않고, 큰 꿈이나 목표가 없으며, 돈을 벌고 편안하게 지내는 데만 집중하는 사람이다. 이 개념은 《자라투스트라는 이렇게 말했다》라는 작품에서만 발견되는데, 초인의 창조를 불가능하게 만드는 조건으로 제시된다.

　일부의 사람들은 영원회귀가 초인과 관련이 있다고 주장해 왔다. 이는 초인이 중력이나 금욕주의 정신에 물들지 않은 새로운 가치를 창조하기 위해서는 동일한 것의 영원한 회귀를 기꺼이 받아들이는 단계를 필수적으로 거쳐야 하기 때문이다. 가치란 중요도에 따라 사물을 배열하는 것으로, 이는 자연스럽게 어떤 것은 좋아하고 어떤 것은 좋아하지 않는다는 것을 의미한다.

영원회귀를 받아들인다는 것은 인생의 최악의 부분도 최악으로 여기면서 받아들이는 것을 의미하며, 그렇게 함으로써 좌절감이나 자기 부정을 극복하는 것과 같다. 인생의 모든 일이 반복해서 일어나기를 바라려면 초인처럼 강해져야 한다. 그런 초인만이 실수와 잘못된 행동을 포함하여 자신의 삶 전체를 완전히 받아들이고 모든 것이 영원히 반복되기를 정말로 원할 수 있는 것이다.

1939년 4월 9일 나치당의 주간 구호는 "나를 죽이지 못하는 것은 나를 더 단단하게 만든다"는 것이었다. 나치는 니체의 비유적인 표현을 가져와 다른 인종에 대한 문자 그대로의 우월성을 만들어냄으로써 이 개념을 자신들의 이념에 통합하려고 시도했다.

니체가 사망한 뒤 엘리자베트는 오빠의 저작물을 관리했다. 그녀는 오빠가 반유대주의와 민족주의에 분명히 반대했음에도 불구하고, 자신의 독일 민족주의에 대한 신념에 맞추기 위해 그의 미발표 작품을 수정했다. 그녀가 출판한 버전 때문에 니체의 작품이 파시즘, 나치즘과 연관되었다는 오해를 받았다. 다행히 20세기의 학자들은 여동생에 의해 출간된 니체의 작품에 의심을 품었고, 그로 인해 수정본이 세상에 공개될 수 있었다.

니체는 종종 나치즘의 선구자로 오해받기도 하지만 실제로는 반유대주의, 범게르만주의, 그리고 어느 정도는 민족주의까지도 비판했다. 실제로 그는 1886년 유대인에 대해 부정적인 사고를 가진 편집자와의 작업을 중단했다. 또한 1888년 《바그너의 경우》와 《니체 대 바그너》에서 언급한 리하르트 바그너와의 불화도 바그너가 극단적인 독일 민족주의를 지지하고 유대인을 좋아하지

않으며 점점 더 기독교화되어 가고 있었기 때문이었다.

1887년 3월 29일 언론인 테오도르 프리츠(Theodor Fritsch)에게 보낸 편지에서 니체는 반유대주의자를 조롱했다.

"유대인을 싫어하는 사람들이 자라투스트라라는 이름을 쓰면 내 기분이 어떨 것 같습니까?"

하지만 니체의 절친한 친구 프란츠 오버벡은 회고록에서 정반대되는 얘기를 했다.

"니체가 솔직하게 말할 때, 유대인에 대한 그의 가혹한 견해는 어떤 반유대주의 정서보다 더 강했다. 그가 기독교를 좋아하지 않는 주된 이유는 유대인을 좋아하지 않았기 때문이었다."

대중 문화에 대한 비판

프리드리히 니체는 현대 사회와 문화에 대해 부정적인 시각을 가지고 있었다. 그는 미디어와 대중문화로 인해 사람들이 서로 너무 비슷해져 평균 수준이 떨어지고 지적 발달이 멈춰 시간이 지날수록 인간은 점점 더 나빠진다고 생각했다.

니체는 어떤 사람들은 강한 의지력으로 더 나은 사람이 될 수 있고, 일반 군중보다 돋보일 수 있다고 믿었다. 이러한 사람들은 대중문화의 영향을 피함으로써 더 똑똑하고 활기차고 건강한 인류의 미래를 만드는 데 기여할 수 있다고 보았다.

니체의 사상에 영향을 준 인물들

문헌학에 정통했던 니체는 그리스 철학을 깊이 이해했고, 여러 면에서 자신의 철학과는 배치된 주장을 하는 칸트(Kant), 플라톤(Platon), 존 스튜어트 밀(John Stuart Mill), 쇼펜하우어(Schopenhauer), 아프리칸 스피르(African Spir)와 같은 철학자들의 저작을 연구했다. 나중에는 쿠노 피셔(Kuno Fischer)의 저작물을 통해 바뤼흐 스피노자(Baruch Spinoza)의 사상을 접했다.

니체는 스피노자를 여러 면에서 자신의 '선구자'로 보았지만 다른 면에서는 그가 동의하지 않는 '금욕적 이상(Ascetic Ideal)'을 대변하는 것으로 보았다. 그러나 니체는 칸트를 '도덕적 광신자(Moral Fanatic)'라고 불렀고, 플라톤을 '지루하다(boring)'고 생각했으며, 밀을 '멍청이(blockhead)'라고 불렀고, 스피노자의 은둔적인 성격이 두려움과 약점을 가리기 위한 가면이라고 주장했다. 그는 또한 영국 작가 조지 엘리엇(George Eliot)을 경멸하기도 했다.

니체의 획기적인 철학은 그 이전의 많은 철학자들로부터 영향을 받아 형성되었다. 바젤에 머무는 동안 그는 몇 년 동안 플라톤 이전의 철학자들에 대해 강의했다. 이 강의의 내용은 그의 사상을 형성하는 데 도움이 된 '잃어버린 고리(lost link, 중요하지만 알려지지 않은 부분)'로 여겨진다.

"이 강의에서는 강해지고 싶다, 모든 것이 영원히 다시 일어난다, 초인적인 사람, 즐거운 배움, 자신을 향상시킨다는 것과 같은 사상이 구체적인 이름 없이 기본적으로 소개되어진다. 이러한 사상은 플라톤 이전의 초기 철학자들, 특히 니체 사상의 초기 버전으로 보여지는 헤라클레이토스와 연결된다."

소크라테스 이전의 철학자인 헤라클레이토스는 우주가 항상 동일하고 변하지 않는다는 개념을 믿지 않았다. 대신 그는 '흐름'과 끊임없는 변화라는 개념을 받아들였다. 그는 세상을 도덕적 판단이나 엄격한 규칙 없이 자유로운 행동으로 특징 지어지는 아이들의 놀이와 유사하다고 묘사했다. 니체는 이러한 관점을 중요하게 여겼다. 헤라클레이토스의 사상에 동의했기 때문에 니체는 파르메니데스(Parmenides)를 강력하게 비판했다. 헤라클레이토스와 달리 파르메니데스는 세계를 하나의 변하지 않는 존재로 보았는데, 니체는 이 견해에 동의하지 않았다.

조지 산타야나(George Santayana)는 자신의 저서 《독일 철학의 이기주의(Egotism in German Philosophy)》에서 니체의 철학 전체가 쇼펜하우어에 대한 반응이라고 주장했다. 산타야나에 따르면 니체는 쇼펜하우어가 주창한 삶의 의지에 대한 개념을 지배의 의지로, 사고에 기반한 비관주의를 용기에 기반한 낙관주의로, 명상을 통해 욕망을 멈춘다는 생각을 지성과 취향에 대한 삶 중심적인 이해로 바꾸었다.

쇼펜하우어의 도덕적 원칙인 동정과 자기 부정 대신, 니체는 항상 자신의 욕망을 표현하고 거칠지만 인상적인 방식으로 강해져야 한다는 생각을 장려했다. 산타야나는 이러한 차이점이 니체 철학의 모든 것을 요약한다고 믿었다.

니체의 초인(Übermensch) 개념과 토머스 칼라일(Thomas Carlyle)의 영웅(Hero) 개념이 명백히 유사하고 표현 방식이 비슷하다는 점에서 니체가 칼라일의 작품에서 받은 영향에 대한 논의가 촉발되었다. G. K. 체스터턴(G. K. Chesterton)은 니체 철학의 많은 부분이 칼라일의 영향을 받았다고 생각했지만, 두 사람의 성격이 "심오하게 다르다"고 말하며 명확히 선을 그었다.

루스 아프로버츠(Ruth apRoberts)는 칼라일이 은유의 중요성을 강조하면서 니체의 사상 중 일부를 예견했음을 보여주며 니체의 은

유-허구(Metaphor-Fiction) 이론이 칼라일의 영향을 받았을 수 있음을 시사했다. 또한 칼라일이 일찍이 신의 죽음을 선포한 것을 지적하면서 니체와 칼라일이 같은 독일 사상가들의 영향을 받았지만, 니체는 자신이 인정하는 것보다 칼라일의 영향을 더 많이 받았을 수 있다고 주장한다.

또한 그녀는 니체가 칼라일로부터의 영향을 강력하게 부인하는 태도를 보였다는 점을 지적한다. 글래스고대학교(University of Glasgow)의 교수인 랄프 제숩(Ralph Jessop)도 칼라일이 니체의 저작에 얼마나 많은 영향을 미쳤는지 재평가할 때가 되었다고 주장했다.

니체는 라 로슈푸코(La Rochefoucauld), 라 브뤼예르(La Bruyère), 보봐르그(Vauvenargues)와 같은 17세기 프랑스 도덕주의자들과 소설가 스탕달(Stendhal)에 대해 큰 존경심을 보였다. 그는 또한 폴 부르제(Paul Bourget)의 유기체론(생명과 사회를 살아 있는 유기체와 유사한 방식으로 보는 철학적 관점)과 루돌프 비르초프(Rudolf Virchow)와 알프레드 에스피나스(Alfred Espinas)의 작품에서 영향을 받았다.

1867년 니체는 편지에서 고트홀트 에프라임 레싱(Gotthold Ephraim Lessing), 게오르크 크리스토프 리히텐베르크(Georg Christoph Lichtenberg), 쇼펜하우어(Schopenhauer)를 공부하며 독일어 작문 스타일을 향상시키기 위해 노력 중이라고 언급했다. 리히텐베르크는 파울 레와 함께 간결하고 통찰력 있는 글쓰기 방식으로 니체가 아포리즘을 사용하는 데 큰 영향을 미쳤을 가능성이 높다.

니체는 일찍이 프리드리히 알베르트 랑게(Friedrich Albert Lange)를 통해 다윈주의(Darwinism)에 대해 배웠다. 랄프 왈도 에머슨(Ralph Waldo Emerson)의 에세이도 그에게 깊은 영향을 미쳤다. 니체는 "에머슨을 처음부터 끝까지 사랑했다"고 말하며 "(그의) 책을 읽으면서 이토록 편안함을 느낀 적은 없었다"고 언급해 그를 "금세기 들어 가장 풍부한 사상을 가진 작가"라고 격찬했다.

또한 니체는 톨스토이의 《나의 종교(My Religion)》, 에르네스트 르낭의 《예수의 생애(Life of Jesus)》, 표도르 도스토옙스키의 《악령(Demons)》 같은 작품들을 읽었다. 니체는 도스토옙스키를 "내가 배울 것이 있는 유일한 심리학자"라고 불렀다.

막스 슈티르너(Max Stirner)를 언급한 적은 없지만, 두 사람의 사상이 유사하다는 점으로 인해 니체와 슈티르너가 어떤 식으로든 관련되어있을 것이라 주장하는 학자들도 있다.

1861년, 니체는 그가 '가장 좋아하는 시인'이지만 당시에는 거의 잊혀진 인물이던 프리드리히 횔덜린(Friedrich Hölderlin)에 대한 열정적인 에세이를 썼다. 또한 아달베르트 슈티프터 (Adalbert Stifter)의 《인디언 여름(Indian Summer)》, 조지 고든 바이런(George Gordon

Byron)의 《맨프레드(Manfred)》, 마크 트웨인(Mark Twain)의 《톰 소여
(Tom Sawyer)》에 대해서도 찬사를 보냈다.

니체는 루이 자콜리요(Louis Jacolliot)의 고대 힌두 경전 《마누
(Manusmriti)》의 캘커타 판 번역본을 검토했다. 그는 이에 대해 호
의적이기도 하고 비판적이기도 한 의견을 남겼다.

1. 니체는 이 책이 기독교 《성경》보다 훨씬 더 영적이고 우수한
작품이라고 생각했다. 이 책이 전체적으로 밝고 긍정적이며, 이 책
의 좋은 가치가 일반 사람들보다 뛰어난 철학자와 군인과 같은 상
위 계층에서 나온 것이라 믿었다.

영국 철학자 데이비드 콘웨이(David Conway)는 니체가 카스트
제도를 옹호한 것은 아니지만, 마누 경전에 담긴, 특정 계층을 정
치적으로 배제시켜야 한다는 주장을 지지했다고 말한다. 니체는
마누의 사회 구조를 불완전하다고 보았지만 카스트 제도의 기본
개념은 자연스럽고 옳다고 믿었다. 그는 카스트 제도 내의 위계
나 순위는 삶의 가장 근본적인 법칙의 표현에 불과하다면서, 이를
'자연 질서, 법의 전형'이라고 묘사하고, 이러한 구조화는 본질적
으로 삶 자체를 지배하는 자연법칙을 반영한다고 주장했다.

미국 철학자 줄리안 영(Julian Young)은 니체의 사상을 이렇게 설

명한다. 마누(Manu)가 아닌 자연은 사람들을 세 그룹으로 나눈다 영적인 사람, 육체적으로나 성격적으로 강한 사람, 그리고 어느 쪽에서도 두드러지지 않는 평범한 사람. 니체는 또한 마누 같은 경전을 만드는 것은 언젠가 한 국가를 책임지고, 탁월해지고, 최고의 삶의 방식을 지향할 수 있는 기회를 갖게 되는 것이라 생각했다.

2. 하지만 니체는 마누 법전을 비판하기도 했다. 그는 그 안의 규칙 때문에 매우 오래되고 순수한 아리안 족(Aryan Humanity, 인도·이란계 민족)을 볼 수 있게 되었지만, 혈통을 '순수'하게 유지해야 한다는 생각은 위험하다고 말했다.

니체의 유산

니체의 저작물은 그가 활발하게 글을 쓰는 동안에는 널리 읽히지 않았다. 하지만 1888년 덴마크의 유명한 비평가였던 게오르그 브란데스(Georg Brandes)가 코펜하겐대학교에서 여러 차례 강연을 하면서 니체에 대한 관심이 높아졌다.

니체가 1900년에 사망한 뒤 더 많은 사람들이 그의 저작물을 알게 되었다. 그에 대한 독자들의 방식은 복잡했고, 또 논쟁을 불러일으켰다. 많은 독일인들은 니체의 저서 《자라투스트라는 이렇게 말했다》에서 개인주의와 개인적 성장을 촉구하는 니체의 목소리를 발견했다. 그러나 이에 대한 독자들의 반응은 매우 다양했다.

1890년대엔 일부 좌파 독일인들이 니체를 추종했다. 1894년에서 1895년 사이에 독일의 보수주의자들은 니체의 작품을 반항적이라고 보고 금지하려고 했다. 19세기 후반에 니체의 사상은 종종 무정부주의 운동과 연결되었는데, 특히 프랑스, 독일, 영국, 미국에서 무정부주의 운동에 영향을 미친 것으로 보인다. 구스타프 란트베어(Gustav Landauer, 독일의 지도적인 아나키즘 이론가)는 아나키스트적인 관점에서 니체의 사상을 가장 깊이 있게 이해하고 비판한 것으로 평가받고 있다.

미국 평론가 헨리 루이스 멘켄(H.L. Mencken)은 1907년 니체에 관한 최초의 영어 저서인 《프리드리히 니체의 철학(The Philosophy of Friedrich Nietzsche)》을 출간했고, 그 뒤 1910년에는 니체의 작품 일부를 번역한 책을 출간하여 미국에서 니체의 사상을 널리 알리는 데 기여했다. 니체는 오늘날 실존주의, 포스트 구조주의, 포스트모더니즘의 선구자로 알려져 있다.

아일랜드 시인 윌리엄 버틀러 예이츠(W. B. Yeats)와 영국 시인 아서 시몬스(Arthur Symons)는 니체를 윌리엄 블레이크(William Blake, 영국의 시인이자 화가로서 묵상 중에 떠오른 상상을 작품으로 묘사했다)의 지적 상속인으로 묘사했다. 시몬스는 문학에서의 상징주의 운동의 틀 안에서 두 사상가의 사상을 비교하는 작업을 이어갔고, 예이츠는 아일랜드에서 니체에 대한 인지도를 높이기 위해 노력했다.

영국 시인 위스턴 휴 오든(W. H. Auden)은 1941년 《이중 인간(The Double Man)》에 실린 '새해 편지(New Year Letter)'에서 니체에 대해 비슷한 생각을 표현했다. 그는 니체를 우리의 자유주의적 오해에 대한 위대한 비판자라면서 "당신은 전 생애 동안 영국의 선배 작가 블레이크처럼 폭풍우를 일으켰다"라고 칭송했다.

니체는 1890년대 작곡가들에게도 영향을 미쳤다. 영국의 음악 전문 작가 도널드 미첼(Donald Mitchell)은 오스트리아 작곡가 구스타프 말러(Gustav Mahler)가 니체의 개념과 자연에 대한 그의 긍정적인 관점에 영향을 받았다는 점을 강조했다. 말러는 세 번째 교향곡에 자라투스트라의 후렴을 포함시킨 것으로 알려졌다. 프레드릭 델리우스(Frederick Delius)는 《자라투스트라는 이렇게 말했다》의 텍스트를 사용하여 합창곡 〈생명의 미사〉를 작곡했다.

니체는 일찍이 라이너 마리아 릴케(Rainer Maria Rilke)의 시에 영향을 미쳤다. 노르웨이 소설가 크누트 함순(Knut Hamsun)도 니체를 자신에게 큰 영향을 준 사람으로 꼽았다. 미국 소설가 잭 런던(Jack London)은 다른 어떤 작가보다 니체에게서 더 많은 자극을 받았다고 썼다. 비평가들은 런던의 소설 《태양의 아들(A Son of the Sun)》에 등장하는 데이비드 그리프라는 인물이 니체를 모델로 한 것이라고 주장해왔다. 미국 시인 월리스 스티븐스(Wallace Stevens)의 시집 《하모니움(Harmonium)》엔 니체의 철학이 곳곳에 흩어져 있다.

인도 작가 무하마드 이크발(Muhammad Iqbal)에 대한 니체의 영향은 《자아의 비밀(Asrar-i-Khudi)》에서 가장 잘 나타난다. 니체의 사상은 러시아의 상징주의에 영향을 미쳤다. 드미트리 메레즈코프스키(Dmitry Merezhkovsky), 안드레이 벨리(Andrei Bely), 뱌체슬라프 이바노프(Vyacheslav Ivanov), 알렉산더 스크리아빈(Alexander Scriabin) 같은 작가들은 작품에 니체 철학을 반영했다.

토마스 만(Thomas Mann)의 소설 《베니스의 죽음(Death in Venice)》에는 아폴론과 디오니소스 신화의 개념이 도입되었다. 그의 또 다른 작품 《닥터 파우스트(Doctor Faustus)》에서는 니체의 사상이 아드리안 레버퀸(Adrian Leverkühn)이라는 캐릭터에게 중요한 영감을 준 것으로 묘사되었다.

헤르만 헤세는 그의 저서 《나르시스와 골드문트(Narcissus and Goldmund)》에서 두 주인공을 아폴론과 디오니소스 정신을 대표하는, 상반되면서도 서로 연결된 존재로 묘사했다. 화가 지오바니 세간티니(Giovanni Segantini)는 《자라투스트라는 이렇게 말했다》에서 영감을 받아 최초의 이탈리아어 번역본을 위한 삽화를 그렸다. 마찬가지로 러시아 화가 레나 하데스(Lena Hades)는 《자라투스트라는 이렇게 말했다》에 헌정하는 유화 시리즈를 제작했다.

제1차 세계대전이 일어나면서 니체는 독일 우익 군국주의와 좌파 정치에 영감을 준 인물로 명성을 얻었다. 제1차 세계대전 중 독일 군인들은 《자라투스트라는 이렇게 말했다》를 선물로 주

고발았다. 니체는 20세기 초 시온주의 사상가들인 아하드 하암 (Ahad Ha'am), 힐렐 자이틀린(Hillel Zeitlin), 미하 요셉 베르디체프스 키(Micha Josef Berdyczewski), A.D. 고든(A.D. Gordon), 마르틴 부버 (Martin Buber) 등에게 많은 영감을 주었다. 특히 부버는 니체를 '창 조자(creator)'이자 '생명의 사절(emissary of life)'이라고 칭송했다.

이스라엘 초대 대통령인 하임 바이츠만(Chaim Weizmann)은 니체 의 책을 아내에게 보내면서 "내가 당신에게 보낼 수 있는 최고의 선물"이라는 편지를 남겼을 정도로 니체의 열렬한 추종자였다.

1940년대 팔레스타인에서 영국군과 싸웠던 시온주의 게릴라 조직인 스턴 갱(Stern Gang)의 사상적 수장 이스라엘 엘다드(Israel Eldad)는 자신의 지하신문에 니체에 대한 글을 썼고, 이후 니체의 책 대부분을 히브리어로 번역했다.

미국 희곡작가 유진 오닐(Eugene O'Neill)은 《자라투스트라는 이 렇게 말했다》가 자신이 읽은 그 어떤 책보다 큰 영향을 끼쳤다 고 말했다. 그는 비극에 대한 니체의 관점도 공유했다. 희곡 〈위 대한 신 브라운(The Great God Brown)〉과 〈나사로가 웃었다(Lazarus Laughed)〉엔 니체에게서 영향을 받은 흔적이 나타나 있다.

최초의 노동운동 조직 '퍼스트 인터내셔널(The First International)'

은 니체를 이데올로기적으로 자신들의 사상가라고 주장했다. 1888년부터 1890년대까지 러시아에서는 다른 어떤 나라보다 니체의 작품이 더 많이 출판되었다. 니체는 볼셰비키들 사이에서 영향력이 있었다. 니체를 추종한 볼셰비키 중에는 블라디미르 바자로프(Vladimir Bazarov), 아나톨리 루나차르스키(Anatoly Lunacharsky), 알렉산드르 보그다노프(Aleksandr Bogdanov)가 있었다.

니체가 프랑크푸르트학파 철학자 막스 호르크하이머(Max Horkheimer)와 테오도르 아도르노(Theodor W. Adorno)에게 미친 영향력은 그들이 공동으로 저술한 《계몽의 변증법(Dialectic of Enlightenment)》에서 확인할 수 있다. 아도르노는 니체를 "인간성이 가짜가 되어버린 세상에서 인간적인 것"을 표현한 철학자라고 주장했다.

니체의 명성은 그의 저술이 아돌프 히틀러 및 나치 독일과 밀접하게 연관되면서 큰 타격을 받았다. 나치 이데올로기와의 연관성 때문에 많은 사람들이 그의 철학을 부정적으로 바라본 것이었다. 20세기의 많은 정치 지도자들은 표면적으로는 니체의 사상에 대해 잘 알고 있었다. 그러나 그들이 실제로 그의 작품을 읽었는지는 확인할 수 없다.

바이마르에 위치한 니체박물관을 자주 방문했던 히틀러는 자신의 저서 《나의 투쟁(Mein Kampf)》에서 '대지의 군주(lords of the earth)'와 같은 니체의 표현을 사용하기도 했다. 나치는 니체의 철학을 선택적으로 이용했다. 나치 이념가인 알프레드 바움러(Alfred Baeumler)는 나치 독일에서 니체 사상의 가장 주목할 만한 주창자 중 한 명이었다. 바움러는 나치가 권력을 잡기 전인 1931년에 《니체, 철학자이자 정치인(Nietzsche, Philosopher and Politician)》이라는 책을 출간했으며, 그 뒤 여러 판본의 니체의 작품을 출간했다.

무솔리니, 샤를 드골, 정치활동가 휴이 뉴턴(Huey P. Newton)도 니체를 읽었다. 버트런드 러셀(Bertrand Russell)은 니체가 문학 및 예술계에도 큰 영향을 미쳤다고 언급했다. 그러나 그는 니체의 귀족 철학을 실제로 구현하려는 시도는 파시스트나 나치당과 유사한 조직을 통해서만 달성할 수 있다고 경고했다. 이는 니체의 사상이 정치 운동에 악용될 가능성에 대한 우려가 반영된 것이었다.

제2차 세계대전이 끝나고 10년 뒤, 월터 카우프만(Walter Kaufmann)과 홀링데일(R.J. Hollingdale)을 비롯한 여러 전문가의 번역과 분석 덕분에 니체의 저술이 다시 주목을 받게 되었다. 프랑스 저술가 조르쥬 바타유(Georges Bataille)도 이 부흥에 영향을 미쳤는데, 1937년 발표한 유명한 에세이 〈니체와 파시스트(Nietzsche and Fascists)》를 통해 니체의 철학이 나치에 의해 오용되는 것을 반박하고 니체의 사상을 방어하고자 했다. 다른 저명한 철학자들도 니체의 철학에 대한 논평을 썼다.

마르틴 하이데거(Martin Heidegger)는 니체에 대한 4권의 연구서를 집필했으며, 레프 셰스토프(Lev Shestov)는 니체와 도스토옙스키를 '비극의 사상가'로 묘사한 《도스토옙스키, 톨스토이 그리고 니체(Dostoyevski, Tolstoy and Nietzsche)》라는 제목의 책을 저술했다. 독일 사회학자 게오르그 짐멜(Georg Simmel)은 니체가 윤리학에 미친 영향을 코페르니쿠스가 우주론에 미친 영향과 비교했다.

사회학자 페르디난트 퇴니에스(Ferdinand Tönnies)는 어린 시절부터 니체를 열렬히 읽었으며, 이후 자신의 작품에서 니체의 많은 개념을 자주 논의했다. 또한 니체는 마르틴 하이데거(Martin Heidegger), 장 폴 사르트르(Jean-Paul Sartre), 오스발트 슈펭글러(Oswald Spengler), 조지 그랜트(George Grant), 에밀 시오란(Emil Cioran), 알베르 카뮈(Albert Camus), 아인 랜드(Ayn Rand), 자크 데리다(Jacques Derrida), 사라 코프만(Sarah Kofman), 레오 스트라우스(Leo Strauss), 막스 셸러(Max Scheler), 미셸 푸코(Michel Foucault), 버나드 윌리엄스(Bernard Williams), 닉 랜드(Nick Land) 같은 철학가에게 영

향을 미쳤다고 알려져 있다.

카뮈는 니체를 "부조리한 미학의 극단적인 결과를 도출한 유일한 예술가"라고 묘사했다. 프랑스 철학자 폴 리쾨르(Paul Ricœur)는 니체를 칼 마르크스, 지그문트 프로이트와 함께 '의심의 학파(School of Suspicion)' 거장 중 한 명이라고 불렀다. 칼 융은 자신의 비서가 필사한 전기인 《기억, 꿈, 사상(Memories, Dreams, Reflections)》에서 니체를 자신에게 큰 영향을 준 인물로 꼽았다.

니체의 철학, 특히 자아에 대한 아이디어, 그리고 사회와의 관계에 대한 개념은 20세기 후반과 21세기 초반의 많은 사상에 영향을 미쳤다. 니체의 저술은 가속주의(Accelerationist) 사상을 발전시킨 질 들뢰즈(Gilles Deleuze)와 펠릭스 가타리(Félix Guattari) 같은 일부 학자에게도 영향을 미쳤다. 19세기 낭만적 영웅 전통을 확장한 니체의 '위대한 노력가'라는 이상은 투쟁과 개인의 노력을 통한 위대함의 추구를 반영하며, 다양한 분야의 지식인에게 울림과 영감을 주었다.

니체에 따르면 위대한 성취자는 도전을 극복하고, 큰 싸움을 벌이고, 새로운 목표를 세우고, 변화를 환영하며, 이미 존재하는 것을 뛰어넘는 사람이다.

니체의
저작물

니체의 철학을 한마디로 표현한다면 '삶의 철학(Philosophy of Life)'
이라 할 수 있다. 그는 삶을 누구보다 잘 안다고 자신했었다. 그
건 마치 아파 본 사람이 건강을 귀하게 여기듯, 자신의 삶을 잃어
버릴 뻔한 적이 많았기 때문이다.

- 《비극의 탄생(The Birth of Tragedy)》 (1872)
- 《비도덕적 의미에서의 진실과 거짓(On Truth and Lies in a Nonmoral Sense)》 (1873)
- 《그리스 비극 시대의 철학(Philosophy in the Tragic Age of the Greeks)》 (1873 ; 1923년에 처음 출간)
- 《시대에 맞지 않는 고찰(Untimely Meditations)》 (1876)
- 《인간적인, 너무나 인간적인(Human, All Too Human)》 (1878)
- 《아침놀(The Dawn)》 (1881)
- 《즐거운 학문(The Gay Science)》 (1882)
- 《자라투스트라는 이렇게 말했다(Thus Spoke Zarathustra)》 (1883)
- 《선과 악을 넘어서(Beyond Good and Evil)》 (1886)
- 《도덕의 계보(On the Genealogy of Morality)》 (1887)
- 《바그너의 경우(The Case of Wagner)》 (1888)
- 《우상의 황혼(Twilight of the Idols)》 (1888)
- 《안티크리스트(The Antichrist)》 (1888)
- 《이 사람을 보라(Ecce Homo)》 (1888 ; 1908년에 처음 출간)
- 《니체 대 바그너(Nietzsche contra Wagner)》 (1888)
- 《권력에의 의지(The Will to Power)》 (니체의 여동생 엘리자베트가 편집한 다양한 버전의 원고가 존재하지만, 1960년대 경부터는 하나의 작품으로선 인정받지 못한다.)

Nietzsche

제2부

니체의
아포리즘

01

권력과 힘
−권력은 진리를 창조한다

승리자는 자신의 입장을 정당화하기 위해 내러티브를 형성하여 역사를 기록한다. 니체는 인간의 근본적인 욕구로서 '권력에의 의지'를 강조한다. 이 욕구는 단순히 지배에 관한 것이 아니라 우리 주변의 세계를 형성하고 질서와 의미를 부여하는 것을 포함한다. 우리는 세상을 이해하고 헤쳐나가기 위해 신념 체계, 가치관, 해석 등 '진리'를 만들어낸다.

하지만 권력에는 그림자가 있다. 권력에 의해 만들어진 '진실'은 제한적이고 심지어 억압적일 수 있다. 지배적인 집단은 종종 자신의 이익에 부합하는 방식으로 '진실'을 정의하여 대안적인 관점을 소외시키거나 침묵시킨다.

그렇다고 해서 진실이 단순한 환상에 불과하다는 의미는 아니다. 다만, 권력의 영향력을 인식함으로써 보다 비판적이고 자각적인 여정을 시작할 수 있다는 것이다.

100

• 이러한 모든 고결한 인종의 밑바닥에는 약탈과 승리를 찾아 탐욕스럽게 배회하는 화려한 금발의 야수, 즉 맹수가 있었다. ―《선과 악을 넘어서》

• '천상과 지상'에서 가장 중요한 것은 같은 방향으로 오랫동안 복종해야 한다는 것이다. 그렇게 하면 결국 삶을 살 가치가 있게 만들어 주는 무언가가 생기게 되며, 또 항상 그래왔다. ―《선과 악을 넘어서》

• 일시적으로라도 어떤 종류의 권력을 행사하거나, 일종의 권력의 외관을 만들어내는 것은 보편적인 욕구이며, 이는 중독의 형태로 나타난다. ―《권력에의 의지》

• 어떤 사람들은 모든 저항을 정복하기 위해 자신의 힘과 권력에 대한 의지를 발휘하여 모든 것의 주인이 되려고 한다. 그러나 이들은 비슷한 야망을 가진 다른 사람들을 만나 동맹을 맺고 집단적 권력 의지를 위해 함께 노력한다. 이 순환은 계속된다. -《자라투스트라는 이렇게 말했다》

• 활과 화살을 가지고 있을 때만 침묵하며 평화롭게 앉아 있을 수 있다. 그렇지 않으면 떠들어대고 다투게 된다. 당신의 평화가 승리가 되게 하라! -《자라투스트라는 이렇게 말했다》

• 살아 있고 썩지 않는 모든 개체는 자신을 주장하고, 확장하고, 통제하고, 지배하려는 원동력을 구현해야 하는데, 이는 도덕적이거나 부도덕한 이유 때문이 아니라 단순히 살아 있기 때문이며, 생명이 본질적으로 지배 욕구를 구현하기 때문이다. '착취'라는 행위는 모든 생명체의 기본적 유기적 과정으로, 궁극적으로 생명 자체에 대한 욕구인 지배 욕구에서 비롯된다. -《권력에의 의지》

• 정부가 말하는 것은 모두 거짓이고, 정부가 소유한 것은 모두 훔친 것이다. 정부는 기만적이고 피에 굶주린 탐욕스러운 괴물이다. -《자라투스트라는 이렇게 말했다》

• 권력에 대한 사랑은 인류의 악마이다. −《인간적인, 너무나 인간적인》

• 사람과 짐승에게 형벌로 얻을 수 있는 광범위한 효과는 두려움의 증가, 교활한 감각의 날카로움, 욕망의 숙달이므로, 형벌은 사람을 길들일 수는 있지만 '더 나은 사람'으로 만들지는 못한다. −《도덕의 계보》

• 권력이 많다는 것은 선악에 얽매이지 않는다는 것을 의미한다. −《선과 악을 넘어서》

• 삶은 권력에 대한 의지이다. 이는 우리의 자연스러운 욕구로, 세상을 우리 자신의 취향에 맞게 지배하고 재구성하며, 우리의 개인적인 힘을 최대한 발휘하고자 하는 것이다. −《도덕의 계보》

• 행복은 힘이 증가한다는 느낌, 즉 저항이 극복되고 있다는 느낌이다. −《안티크리스트》

• 좋은 명분이 전쟁을 정당화한다고 생각하는가? 나는 어떤 이유라도 정당화할 수 있는 것이 좋은 전쟁이라고 생각한다. −《자라투스트라는 이렇게 말했다》

• 내가 사회주의에 반대하는 이유는 사회주의가 선, 진리, 아름다움, 평등한 권리를 천진난만하게 꿈꾸기 때문이다. -《선과 악을 넘어서》

• 영향력을 행사하려면 이에 대항할 외부 세력이 필요하다. 아메바가 의사포자(疑似胞子)를 통해 주변을 탐색하는 것처럼, 권력에 대한 의지는 자신의 영향력을 정의하기 위해 반대 세력을 찾는다. -《권력에의 의지》

• 형법은 범죄자로부터 사회를 보호하기 위한 것이 아니라 지배층을 피지배층으로부터 보호하기 위한 것이다. -《우상의 황혼》

• 나는 친구들에게 이렇게 조언하노라 : 남을 벌하고자 하는 충동이 강한 자들을 모두 의심하라! 자신들의 정의에 대해 많이 떠드는 자들을 모두 의심하라! -《자라투스트라는 이렇게 말했다》

• 비합리적인 기독교의 또 다른 개념인 '신 앞에서 영혼의 평등'이라는 개념은 현대 사상에 더욱 깊숙이 뿌리내리고 있다. 이 개념은 평등권을 옹호하는 모든 이론의 기본 모델이 되었다. -《권력에의 의지》

• 우리는 자신을 방어할 수 없거나 방어하지 않으려는 사람을 낮게 보지 않는다. 그러나 우리는 남성이든 여성이든 복수를 할 능력이나 욕구가 부족한 사람을 무시한다. —《즐거운 학문》

• 위선자가 권력을 대변하면 그 권력은 지속될 수 없다. —《인간적인, 너무나 인간적인》

• 사람의 정신력은 그가 얼마나 많은 '진실'을 견딜 수 있는지, 더 정확히 말해서, 그가 그것을 얼마나 희석하고, 숨기고, 달콤하게 하고, 약화시키고, 왜곡해야 할 필요가 있는지에 따라 결정된다. —《선과 악을 넘어서》

• 친구 여러분, 다른 사람을 처벌하고 싶은 충동이 강한 사람들을 조심하라고 조언하고 싶다. 그들은 비열하고 잔인한 경향이 있다. 또한 자신의 정의감에 대해 많이 이야기하는 사람들도 조심하라. 그들은 보기만큼 친절하지 않다. 선하고 정의롭다고 주장하는 자들이 권력을 가지면 바리새인처럼 위선자가 될 수 있다는 것도 기억하라. -《자라투스트라는 이렇게 말했다》

• 독립하는 것은 극소수만이 할 수 있는 일이며, 강자의 특권이다. -《선과 악을 넘어서》

• 권력은 진리를 창조한다. -《권력에의 의지》

• 이 세상은 권력에의 의지 외에는 아무것도 아니다! -《우상의 황혼》

• 나는 '의지의 힘'을 얼마나 많은 저항과 고통, 고문을 견디고 이를 자신에게 유리하게 돌리는지로 판단한다. -《권력에의 의지》

• 노예가 저항하는 유일한 이유는 그들이 진정으로 자유롭지 않기 때문이다. 진정한 자유는 명령에 복종하는 것이 아니라 자신의 길을 따르는 것에서 비롯된다. -《자라투스트라는 이렇게 말했다》

• 개인이 광기에 미쳐버리는 경우는 드물지만, 집단, 정당, 국가, 역사적 시기에서는 매우 흔한 일이다. –《인간적인, 너무나 인간적인》

• 어떤 이들은 통치하려는 욕망에서 통치하고, 어떤 이들은 통치 당하지 않으려는 욕망에서 통치한다. –《선과 악을 넘어서》

• 가장 극단적인 형태의 허무주의는 무(無, '의미 없는 것')가 영원히 지속되는 것이다! –《권력에의 의지》

• 너희가 너무 약해서 스스로 법을 세우지 못한다면, 폭군이 너희에게 멍에를 씌우고 이렇게 말할 것이다 : "복종하라! 이를 악물고 복종하라!" 그러면 모든 선과 악은 그에 대한 복종 속에 묻혀버릴 것이다. –《우상의 황혼》

• 인간은 습관적으로 권력을 추구하는 모든 것에 복종한다. –《인간적인, 너무나 인간적인》

• 어떤 종교가 권력을 잡으면 처음에 그 종교에 가장 열광했던 사람들이 가장 강력한 적대자가 되기도 한다. –《인간적인, 너무나 인간적인》

• 불복종, 그것이 노예의 고귀함이다. -《자라투스트라는 이렇게 말했다》

• 도덕과 종교는, 창의력이 풍부하고 법과 전통을 통해 오랜 세월 동안 자신의 의지를 관철할 수 있는 한, 원하는 방식으로 사람들을 형성할 수 있는 주요 도구이다. -《권력에의 의지》

• 강한 사람에게 힘을 사용하지 말라고 하거나, 승리를 원하지 말라고 하거나, 도전과 승리를 즐기지 말라고 하는 것은 약한 사람이 강한 것처럼 행동하기를 기대하는 것만큼이나 바보 같은 일이다. -《도덕의 계보》

• 역사를 그토록 폭력적으로 만든 것은 '의견의 충돌'이 아니라 '의견에 대한 신념의 충돌'이다. -《인간적인, 너무나 인간적인》

• 우리가 고결한 행동을 위해 희생하든 비열한 행동을 위해 희생하든, 우리 행동의 본질적인 가치는 변하지 않는다. 순교자들이 자신의 신념을 위해 목숨을 거는 것처럼 우리가 대의를 위해 목숨을 걸 때도, 그것은 우리의 통제 욕구에 대한 경의의 표시이거나 우리의 권력을 유지하기 위한 것이다. -《즐거운 학문》

• 모든 스승은 단 한 명의 제자만을 두며, 그 제자 역시 스승이 될 운명이기 때문에 그에게 불충실해진다. -《자라투스트라는 이렇게 말했다》

• 사람이 스스로 주장하는 자유는 자신이 감당할 수 있다고 생각하는 책임 및 도전과 관련이 있다. 대부분의 사람들은 인생에서 자신의 자리를 차지할 자격이 없으며 오히려 더 유능한 사람들의 일을 더 어렵게 만든다. -《권력에의 의지》

• 우리의 자존감은 선의든 악의든 호의를 베풀거나 보복하는 힘에 달려 있다. -《인간적인, 너무나 인간적인》

• 필요는 확립된 사실이 아니라 해석이다. -《권력에의 의지》

• 국가가 잘 정립될수록 인간성은 희미해진다. 사람들을 불편하게 만드는 것, 그것이 내 임무이다. -《우상의 황혼》

• 중대한 사안에 관해서는 침묵하거나 위대하게 말해야 한다. 위대하게 말한다는 것은 냉소적이면서도 순수하게 말하는 것을 의미한다. -《권력에의 의지》

• 위대한 국가의 정부는 국민을 두려움과 복종에 떨게 하는 두가지 수단을 가지고 있는데, 거친 것은 군대이고 세련된 것은 학교이다. -《인간적인, 너무나 인간적인》

• 우리가 한 사람의 생명을 빼앗을 수 있는 어떤 권리가 있을지는 몰라도, 그의 죽음을 빼앗을 권리는 없으니, 참으로 잔인하기 짝이 없다. -《인간적인, 너무나 인간적인》

• 내가 당신을 증오하는 이유는 당신이 나를 끌어당기긴 하지만 나를 당신에게 끌어당길 만큼은 강하지 않기 때문이다. -《자라투스트라는 이렇게 말했다》

• 이상주의자들은 자신이 옹호하는 대의가 다른 모든 대의보다 본질적으로 우월하다고 믿는다. 그들은 대의가 성공하기 위해서는 모든 인간의 노력에 필수적인 불완전한 요소가 필요하다는 사실을 받아들이기를 꺼린다. −《인간적인, 너무나 인간적인》

• 내가 이해하는 자유는 바로 이것이다 : 어떤 것의 가치는 그것을 통해 얻는 것이 아니라 그것을 위해 지불하는 대가, 즉 그로 인해 발생하는 비용으로 매기는 경우가 많다. 자유주의 제도는 성취되는 순간 자유주의적 성격을 잃는다. 결국, 자유주의 제도보다 더 나쁘고 더 철저한 자유의 침해자는 없다. −《자라투스트라는 이렇게 말했다》

• 이상주의자도 어쩔 수 없는 인간들이다. 자신의 천국에서 쫓겨나면 지옥을 이상향으로 삼는 종자들이기 때문이다. −《아침놀》

• 사소한 선물로 강렬한 행복을 선사하는 것은 위대한 자의 특권이다. −《인간적인, 너무나 인간적인》

• 삶은 성장, 생존, 힘의 축적, 권력을 향한 본능이다. −《안티크리스트》

• 남성은 여성을 지금까지 높은 곳에서 내려온 새처럼, 더 섬세하고 연약하고 야만적이며 낯설고 달콤하고 영혼이 깃든 존재로, 그러나 날아가지 않도록 가둬야 하는 존재로 취급해 왔다. -《선과 악을 넘어서》

• 사회주의는 독재주의와 가까운 친척이다. 그것은 독재주의 정부에서 가졌던 것과 같은 수준의 통제와 권력을 갖기를 원한다. 그러나 그것은 개인성을 완전히 없애려고 함으로써 상황을 더욱 악화시킨다. 사회주의는 효과적인 정부 기관을 통해 지역사회를 더 나은 곳으로 만드는 데 사용될 수 있는 개인의 독특한 특성을 제거하기를 원한다. -《즐거운 학문》

02

도덕과 처신
─가장 세련된 복수는 잊어버리는 것이다

"가장 세련된 복수는 잊는 것이다"라는 니체의 도발적인 명언은 도덕에 대한 전통적인 관념에 도전한다. 흔히 잘못에 대한 정당한 대응으로 여겨지는 복수는 여기서 사소한 행위로 재구성된다. 즉, 가해자를 내 삶과 무관한 존재로 남겨두고 단순히 잊어버리자는 것이다.

겉으로 보기에 범죄를 잊는다는 것은 수동적이고 나약해 보인다. 하지만 니체는 이 접근 방식에 더 깊은 힘이 있다고 말한다. 분노와 원한을 붙잡는 것은 우리를 그 범죄에 묶어두고 가해자를 우리 마음속에 계속 살아 있게 한다는 것이다.

반면에 망각은 부정적 감정에서 벗어나려는 의식적인 선택으로, 잘못을 묵인하는 것이 아니라 감정적으로 얽매이는 것을 거부하는 것이다. 복수에 사로잡히지 않음으로써 우리는 자신의 감정 상태에 대한 통제권을 되찾을 수 있다. 이는 니체가 강조한 자기 극복, 그리고 삶을 긍정하는 존재로서의 삶과 일맥상통한다고 볼 수 있다.

• 도덕에 대한 종속은 왕자에 대한 종속이 그렇듯이 노예적이거나 헛된 것이거나 이기적이거나 체념적이거나 우울하게 열정적이거나 무심하거나 절망적인 행위일 수 있는데, 그 자체로 도덕적이지 않다. −《도덕의 계보》

• 친구는 추측에 능하면서 가만히 있을 줄 알아야 한다. 모든 것을 보려고 해서는 안 된다. −《자라투스트라는 이렇게 말했다》

• 과분한 칭찬을 받으면 과분한 비난을 받았을 때보다 나중에 더 큰 죄책감을 가지게 되는 경우가 많다. 이는 과도한 칭찬이 부당하게 과소평가될 때보다 판단력의 약점을 더 많이 드러내기 때문일 수 있다. −《인간적인, 너무나 인간적인》

• 정직이 미덕이라는 견해는 이 여론의 시대에 금기(禁忌)시된 사적인 의견에 속하는 것이 사실이다. −《자라투스트라는 이렇게 말했다》

• 도덕성은 개인에게 내재된 집단 본능이다. −《도덕의 계보》

• 색욕이 강한 남자는 여자를 멀리하고 자신의 몸을 혹사해야 한다. −《아침놀》

• 짓밟힌 벌레는 몸을 웅크린다. 이는 그 벌레가 조심성이 있다는 증명이다. 이렇게 함으로써 벌레는 다시 밟힐 가능성을 줄이게 된다. 도덕적 언어로 말하면 겸손이다. ―《우상의 황혼》

• 미워하고 두려워하는 것보다는 차라리 멸망하는 것이 낫고, 자신이 미움받고 두려움의 대상이 되는 것보다는 차라리 두 배로 멸망하는 것이 낫다. 이것은 언젠가는 모든 국가의 교훈이 되어야 한다. ―《우상의 황혼》

• 자신의 생각을 냉철하게 유지하지 못하는 사람은 토론의 열기에 뛰어들지 말아야 한다. 토론의 열기 속에서 생각이 쉽게 변질되어 소화가 되지 않기 때문이다. ―《인간적인, 너무나 인간적인》

• 가장 인도적이라고 생각하는 것은 무엇인가? 누군가를 수치심에서 구하는 것이다. ―《자라투스트라는 이렇게 말했다》

• 지식 습득에 깊이 몰두하는 사람에게 동정심을 보이는 것은 마치 키클롭스(고대 그리스 신화에 나오는 외눈박이 거인)에게 부드럽게 손을 내미는 것처럼 터무니없어 보일 수 있다. ―《자라투스트라는 이렇게 말했다》

• 모든 사람에게 적용되는 도덕적 시스템은 기본적으로 비도덕적이다. -《선과 악을 넘어서》

• 도덕적 현상이라는 것은 존재하지 않고 현상에 대한 도덕적 해석만 있을 뿐이다. -《선과 악을 넘어서》

• 모든 신학자들과 마찬가지로 모든 도덕 설교자들은 공통적으로 나쁜 습관을 가지고 있다. 모든 인간이 매우 아프고 심각하고 최종적이고 근본적인 치료가 필요하다는 것을 설득하려 한다는 것이다. -《즐거운 학문》

• 칭찬은 비난보다 더 눈에 잘 띄는 법이다. -《자라투스트라는 이렇게 말했다》

• 사람들과의 상호작용에서 자비로운 위선은 종종 필요하다. 즉, 상대방의 행동 동기를 꿰뚫어 보지 못하는 것처럼 행동해야 한다. -《인간적인, 너무나 인간적인》

• 악이란 무엇인가? 나약함에서 비롯되는 모든 것이다. -《선과 악을 넘어서》

• 네 가지 덕목(德目) : 자신과 친구에게 정직하고, 적에게 용감하고, 패배자에게 관대하고, 예의 바르게 행동하는 것. 인간에겐 이 네 가지 기본 덕목이 항상 필요하다. -《아침놀》

• 결정이 내려지면, 최고의 반박에도 귀를 닫고 강한 성격을 표하라. 이렇게 가끔은 우둔함에 대한 의지가 필요하다. -《선과 악을 넘어서》

• 우리는 어떤 아이디어가 표현된 어투가 비호감이라는 이유만으로 그 아이디어를 받아들이지 않는 경우가 있다. -《선과 악을 넘어서》

• 평범함은 재능 있는 사람이 사용할 수 있는 매우 좋은 위장술이다. 평범한 대부분의 사람들은 이것이 위장술이라는 것조차 모르기 때문에 효과가 좋다. 재능 있는 사람은 다른 사람들이 기분 나빠하지 않게 하려고, 때로는 친절과 동정심에서 평범한 척한다. -《자라투스트라는 이렇게 말했다》

• 점성술은 천체가 인간의 운명과 조화를 이루며 운동한다고 가정한다. 도덕적인 인간은 자신과 가장 밀접하게 관련된 것이 사물의 핵심이자 영혼이라고 가정한다. -《선과 악을 넘어서》

• 요청을 받지 않는 한 누구에게도 조언을 해서는 안 된다. 그리고 요청을 받았더라도 너무 많은 조언을 하지 않도록 주의해야 한다. -《우상의 황혼》

• 우리는 상대방에게 미덕이 완전히 결여되어 있음을 알아차리기 전까지는 미덕을 소유하는 것에 특별한 가치를 두지 않는다. -《인간적인, 너무나 인간적인》

• 높아지고 싶다면 위를 쳐다보고, 이미 높아져 있다면 밑을 바라보라. -《자라투스트라는 이렇게 말했다》

• 항상 자제력을 유지하고 경계를 늦추지 않아야 한다. 기준을 완화할수록 다른 사람들로부터 존중과 자유를 덜 받게 된다. 이 원칙은 교육, 정치, 그리고 모든 인간관계에서의 위대한 비밀이다. ─《인간적인, 너무나 인간적인》

• 대의를 해치는 가장 나쁜 방법은 약하거나 결함이 있는 논거를 사용하여 의도적으로 대의를 옹호하는 것이다. ─《우상의 황혼》

• 언제나 그렇듯이, 오늘날에도 인간은 노예와 자유인 두 그룹으로 나뉜다. 정치가, 사업가, 공무원, 학자 등 어떤 직업을 가졌던 하루의 3분의 2를 자신만을 위해 보내지 않는 사람은 노예이다. ─《인간적인, 너무나 인간적인》

• 중용은 스스로 아름답다고 생각하지만, 중용을 모르는 사람의 눈에는 검고 냉정하여 결과적으로 추하게 보인다는 사실을 인식하지 못한다. ─《아침놀》

• 괴물과 싸우는 자는 그 과정에서 자신이 괴물이 되지 않도록 주의해야 한다. 그리고 만약 당신이 심연을 오래 바라본다면, 심연도 당신을 바라보게 될 것이다. ─《선과 악을 넘어서》

• 남을 용서하지 못하는 사람은 자신이 건너야 할 다리를 스스로 부수는 것이다. –《자라투스트라는 이렇게 말했다》

• 가장 세련된 복수는 잊어버리는 것이다. –《우상의 황혼》

• 사랑으로 행하는 일은 언제나 선과 악을 넘어서는 일이다. –《선과 악을 넘어서》

• 도덕성은 합리적이지 않고 절대적이지도 않고 자연스럽지도 않다. 이러한 생각은 모든 사람을 위한 유일한 진리라고 주장하지만 실제로 이러한 모든 도덕 체계는 특정 사람이나 집단이 특정 목적을 위해 만든 것이다. 특정 방식으로 사물을 바라보게 하고 세상에 대한 이해를 제한함으로써 사회에서 우리가 행동하는 방식을 통제하는 것을 목표로 한다. –《도덕의 계보》

• 우리는 숲을 보존해야 하듯이 악도 보존해야 한다. 숲을 솎아내고 개간함으로써 지구가 따뜻해진 것은 사실이다. 그리고 언젠가는 숲이 증가함으로써 지구가 다시 추워지듯이, 인간도 악이 감소함으로써 다시 더 차가워지고 더 사악해질 것이다. –《우상의 황혼》

• 대부분의 사람들은 자신에 대해 생각하기 바빠서 못되게 굴지 못한다. −《인간적인, 너무나 인간적인》

• 공로가 있는 사람의 오만함은 공로가 없는 사람의 오만함보다 훨씬 더 불쾌하다. 공로 자체가 불쾌감을 주기 때문이다. −《인간적인, 너무나 인간적인》

• 당신의 적을 찾고, 당신의 의견을 위한 전쟁을 벌여야 한다. 당신의 의견이 패배하더라도 정직함은 패배를 초월하여 승리를 외쳐야 한다! −《자라투스트라는 이렇게 말했다》

• 평범함의 도덕을 설교하기는 어렵다! 그것이 무엇이고 무엇을 원하는지 결코 인정하지 않을지도 모른다! 도덕은 절제와 가치와 의무와 이웃 사랑에 대해 말해야 한다. −《선악을 넘어서》

• 도덕적 모욕은 어떤 종류의 범죄보다 훨씬 더 큰 모욕이자 수치심이다. −《인간적인, 너무나 인간적인》

• 도덕적 가치를 믿는 실수가 없었다면 인간은 동물과 같은 존재에 머물렀을 것이다. −《인간적인, 너무나 인간적인》

• 도덕성은 마음을 무디게 할 수 있다. 전통은 과거 사람들이 선하거나 악하다고 생각했던 것에서 유래하지만, 전통(또는 도덕성)에 대한 존중은 이러한 오래된 경험 자체에 대한 것이 아니라 이러한 전통이 얼마나 오래되고 신성하며 의심할 여지가 없는지에 관한 것이다. 이러한 존중은 우리가 새로운 경험을 얻고 우리의 방식을 개선하는 것에 방해가 될 수 있다. 다시 말해, 도덕성에 엄격하게 집착하는 것은 새롭고 더 나은 일을 하는 방식의 발전을 막을 수 있고, 우리의 사고를 제한할 수도 있다. -《아침놀》

• 부패의 시대에 사는 사람들은 교활하고 다른 사람들에 대해 비열한 말을 하기 좋아한다. 그들은 칼을 사용하거나 신체적으로 해를 입히는 것 외에도 사람들에게 해를 끼칠 수 있는 방법이 있다는 것을 알고 있다. 또한, 무언가를 멋지게 말하면 사람들이 그것을 믿는 경향이 있다는 것도 안다. -《우상의 황혼》

• 오랜 규칙을 어기는 사람은 누구나 처음에는 나쁜 사람으로 불린다. 하지만 규칙을 되돌릴 수 없게 되어 모두가 규칙을 어기면 '나쁜 사람'이라는 꼬리표는 사라진다. 그렇기 때문에 역사에서는 대부분 나중에 선한 사람이 된 '나쁜 사람'에 대해 이야기한다! -《아침놀》

• 선과 악의 모든 이름은 이미지일 뿐이며, 그들은 소리내어 말하지 않고 암시만 할 뿐이다. 그들로부터 지식을 구하는 자는 바보이다. -《선과 악을 넘어서》

• 소크라테스처럼 사람들에게 자신을 절제하고 적당히 살아야 자신에게 이익이 되고 행복을 찾을 수 있다고 가르치는 도덕주의자들은 매우 드물다. -《도덕의 계보》

• 행복하다는 것은 삶이 잘 돌아가고 있을 때 본능을 따르는 것을 의미한다. 하지만 이러한 본능과 끊임없이 싸워야 한다면 그것은 쇠퇴(퇴폐)의 신호이다. -《우상의 황혼》

• 모든 사람을 위한 책은 항상 악취가 나는 책이다. 하찮은 사람들의 냄새가 책에 달라붙기 때문이다. 대중이 먹고 마시는 곳, 심지어 경건한 곳에서도 고약한 냄새가 나는 법이다. 맑은 공기를 마시고 싶다면 교회에 들어가지 말아야 한다. -《선악을 넘어서》

• 영적인 힘과 열정은 나쁜 매너와 함께할 때 혐오감을 불러일으킬 뿐이다. -《인간적인, 너무나 인간적인》

• 과거 사람들이 도덕 선생을 찾았을 때 진정으로 원했던 것이 무엇인지 이제 알 것 같다. 그들은 자신을 위한 평화와 고요함, 양귀비 씨앗의 효과처럼 잠을 잘 자는 데 도움이 되는 미덕을 찾았던 것이다. 유명한 학자들에게 지혜롭다는 것은 꿈 없는 잠을 의미했다. 그들은 삶의 더 깊은 의미를 이해하지 못했다. 오늘날에도 항상 존경받는 것은 아니지만 미덕에 대해 설교하는 사람들이 있다. 그들의 시대는 끝났다. 그들은 그리 오래 가지 못할 것이고, 이미 사라지고 있다. 그들을 따르는 사람들은 어떤 면에서는 행운아들이다. 그들은 곧 깊고 방해받지 않는 잠에 빠질 것이다. -《자라투스트라는 이렇게 말했다》

• 결혼한 철학자는 코미디에 속한다. -《도덕의 계보》

• 도덕적이고 올바르며 선하다는 것은 오래되고 확립된 규칙과 전통에 순종하는 것을 의미한다. -《인간적인, 너무나 인간적인》

• 도덕 체계는 감정의 수화(手話)일 뿐이다. -《선악을 넘어서》

• 부유한 사람들 사이에서 관대함은 일종의 수줍음에 불과한 경우가 많다. -《도덕의 계보》

• 흔한 오해는, 길든 사람들 사이에서는 특정한 도덕적 원칙에 대한 합의가 있다고 가정하고, 이 원칙들이 우리 모두에게도 무조건적으로 적용되어야 한다고 결론 내리는 것이다. 반대로, 다른 문화권에서는 도덕적 가치가 다를 수밖에 없다고 보고, 어떤 도덕적 기준도 적용할 수 없다고 추론하는 것도 유치하기는 마찬가지다. -《즐거운 학문》

• 잘 잊는 사람은 축복받은 사람이다. 왜냐하면, 실수조차도 더 나은 사람이 되게 하는 데 보탬이 되기 때문이다. -《선악의 저편》

• 세상을 추하고 나쁘다고 판단하려는 기독교적 결심이 세상을 추하고 나쁘게 만들었다. -《즐거운 학문》

• 너희는 미워할 적만 가질 것이요, 경멸할 적은 가지지 말라. 너희는 너희의 적을 자랑스러워해야 한다. -《자라투스트라는 이렇게 말했다》

• 여자는 신의 두 번째 실수였다. -《안티크리스트》

• 사람이 자신을 탐닉할수록 다른 사람들은 그를 탐닉하려 하지 않는다. -《인간적인, 너무나 인간적인》

• 미래는 과거만큼이나 현재에 영향을 미친다. 명령하는 법을 배우려는 사람은 먼저 복종하는 법을 배워야 한다. -《자라투스트라는 이렇게 말했다》

• 도덕은 지금까지 우리에게 재미있었고, 여전히 그렇다! 이것이 도덕이 살아남은 이유이다. 사람들은 깊이 생각하지 않고 쉽게 "잘했어" 또는 "부끄러운 줄 알아라"라고 말하는 것을 즐긴다. 솔직히 말해서, 더 이상 칭찬하고 비판할 수 없다면 삶에 지치지 않을 인간이 있겠는가? –《자라투스트라는 이렇게 말했다》

• 적이 있을 때, 그들의 악행에 선으로 보답하지 말라. 그것은 그들을 부끄럽게 할 것이다. 대신, 그들이 당신에게 어떤 선을 행했다는 것을 증명하라. 부끄럽게 하기보다는 화를 내는 편이 낫다! 누군가 당신을 저주할 때, 당신이 그들을 축복하고 싶어 하지 않는 것처럼, 약간의 저주를 돌려주어도 괜찮다! 크게 부당한 일을 당했다면, 그 위에 작은 부당한 일을 다섯 가지를 바로 추가하라. 부당한 일에 사로잡혀 있는 모습은 보기에 몹시 흉하다. –《자라투스트라는 이렇게 말했다》

• 친구가 당신에게 잘못을 저질렀다면 이렇게 말하라 : "네가 나에게 한 짓은 용서하지만, 네가 너 자신에게 한 짓은 내가 어떻게 용서할 수 있겠나!" –《자라투스트라는 이렇게 말했다》

• 주인들은 사라졌고, 대중의 도덕이 승리했다. –《우상의 황혼》

• 비도덕주의자들이 미덕에 해를 끼치는가? 무정부주의자들이 왕자들에게 해를 끼치지 않는 것과 마찬가지로, 비도덕주의자들도 미덕에 해를 끼치지 않는다. 왕자들이 총에 맞았기 때문에 다시 왕좌에 안전하게 앉을 수 있는 것이다. 교훈 : 우리는 도덕에 총을 겨누어야 한다. -《우상의 황혼》

• 많은 사람의 동의를 얻으려는 나쁜 습관을 버려야 한다. -《인간적인, 너무나 인간적인》

• 작가는 작품이 말하기 시작하면 입을 다물고 있어야 한다. -《이 사람을 보라》

• 어린 양들이 자신들을 사냥하는 맹금류를 두려워하는 것은 자연스러운 일이다. 하지만 그렇다고 해서 그 새들이 악하다는 말은 아니다. 어린 양들이 "저 새들은 나빠! 다른 새들은 좋은 데 말야!"라고 수군댄다고 상상해 보자. 그런 추론은 그럴듯해 보일 수도 있지만, 새들은 그저 혼란스러울 뿐이다. 맹금류는 어린 양들을 미워하지 않는다. 그저 어린 양고기를 맛있다고 생각할 뿐이다! -《도덕의 계보》

03

초인과 고통
─나는 자신을 뛰어넘어 창조하려다 멸망하는 자를 사랑한다

니체는 창조 행위가 비록 실패나 자기 파괴로 이어지더라도 창조 행위를 찬양한다. 그는 안전, 편안함, 순응을 강조하는 전통적인 도덕에 도전했다. 그의 이상은 자기 극복을 위해 노력하고 한계를 뛰어넘는 개인, 즉 '초인'(Übermensch)이다. 이러한 맥락에서 창조 행위는 니체 철학의 핵심 개념인 권력에의 의지의 표현이기도 하다.

니체에겐 창조 행위는 결과에 관계없이 도덕적 선이다. 이는 평범함에 안주하지 않고 끊임없이 개인의 성장을 추구하는 모습이다. '멸망'은 은유적으로 자신의 한계에 대한 죽음을 의미할 수도 있고, 문자 그대로 한계를 뛰어넘는 데 내재된 위험을 나타낼 수도 있다.

그렇다고 해서 니체가 맹목적인 행동을 옹호한 것이 아니다. 창조는 목적이 있어야 한다는 것이다. 니체는 자신을 희생해서라도 끊임없이 창조를 추구할 것을 격려한다. 이는 한계를 극복하고 진정성 있는 삶을 살라는 요구이다.

• 참으로 오염된 시냇물은 사람이다. 오염된 시냇물을 불결해지지 않게 받아들이려면 실제로 바다가 되어야 한다. 보라, 나는 너희에게 초인이 되라고 가르친다. 그는 바다이니, 그 안에선 너희의 큰 경멸이 사라져 보이지 않는다. −《자라투스트라는 이렇게 말했다》

• 스스로 고통을 감내하려는 의지를 가진 사람은 잔인함에 대해 다른 태도를 보인다. 그는 잔인함을 근본적으로 해롭고 나쁜 것으로 간주하지 않는다. −《자라투스트라는 이렇게 말했다》

• 희망은 그 어떤 실현된 기쁨보다 훨씬 더 강력한 삶의 자극제이다. 인간은 현실과 충돌할 수 없을 정도로 높은 희망, 그 어떤 성취로도 만족할 수 없을 정도로 높은 희망, 즉 이 세상을 넘어서는 희망에 의해 고통 속에서 버텨야 하는 존재이다. −《안티크리스트》

• 고통의 울부짖음을 들으면서도 내면의 혼란과 불확실성에 압도되지 않고 견디는 것, 그것이 진정 위대함의 자질이다. −《자라투스트라는 이렇게 말했다》

• 고통은 암탉도 시인도 꽥꽥거리게 한다. −《자라투스트라는 이렇게 말했다》

• 강력한 강물이 바위와 부스러기를 운반하는 것처럼, 위대한 혼을 가진 사람은 무지하고 혼란스러운 사람을 포함한 모든 종류의 사람들을 끌어들인다. −《인간적인, 너무나 인간적인》

• 인간은 가장 용감한 동물이다. 우리는 지구상의 모든 동물을 정복했다. 우리는 엄청난 고통을 견딜 수 있지만, 스스로 느끼는 고통은 가장 극심한 고통이다. −《자라투스트라는 이렇게 말했다》

• 위대한 사람의 헌신은 모험과 위험을 무릅쓰고 주사위를 던져 죽음을 맞이하는 것이다. −《자라투스트라는 이렇게 말했다》

• 자기 안에 큰 고통을 주는 힘과 결단력이 없다면 누가 위대한 일을 이룰 수 있단 말인가? −《즐거운 학문》

• 자신을 뛰어넘는 무언가를 만들고자 하는 열망과 그 과정에서 기꺼이 자신을 희생하는 사람이 존경스럽다. −《자라투스트라는 이렇게 말했다》

• 위인은 자신의 위대함을 방해하는 시대적 요소, 즉 자신의 자유와 성실함을 방해하는 요소와 싸운다. −《우상의 황혼》

• 전쟁은 승자를 오만하게 만들고 패자를 비통하게 만들 수 있다는 단점이 있다. 하지만 다른 한편으로는 전쟁은 우리의 '문명화된' 행동을 제거하고 원초적인 본능과 다시 연결해줄 수도 있다. 이는 사회가 동면하는 것으로 볼 수 있으며, 그 뒤에 우리는 긍정적이든 부정적이든 더 강해지게 된다. -《즐거운 학문》

• 무엇이 사람을 영웅으로 만드는가? 자신의 가장 큰 고통과 가장 큰 희망을 동시에 접하는 것이다. -《즐거운 학문》

• 위대한 사람을 만드는 것은 그의 강점이 아니라 위대한 감정의 지속성이다. -《자라투스트라는 이렇게 말했다》

• 모든 위대한 것들이 먼저 인간의 마음에 각인되기 위해선 무서운 괴물의 가면을 써야 한다. -《선과 악을 넘어서》

• 모든 위인은 자신만의 이상(理想)을 연기하는 배우이다. -《자라투스트라는 이렇게 말했다》

• 만약 당신이 잠시라도 자신의 고통을 인내하기를 꺼리고 항상 잠재적인 불행을 피하려고 한다면, 만약 당신이 어떤 고통이나 아픔을 근본적으로 악하고 혐오스러우며 삶을 망치는 것으로 본다면, 당신은 동정심뿐만 아니라 당신 내면 깊은 곳에 또 다른 신념, 즉 안락함에 대한 신념을 품고 있는 것이다. 만족스럽고 마음씨 착한 여러분은 진정한 행복의 본질을 깨닫지 못한다! 행복과 불행은 형제자매 같아서 함께 자라기도, 함께 작은 존재로 머무르기도 하는 것이다. -《자라투스트라는 이렇게 말했다》

• 운명아, 오늘 나에게 최악의 주사위를 던져보렴. 그래도 난 모든 것을 황금으로 만들 것이란다. -《자라투스트라는 이렇게 말했다》

• 나는 현실이든 상상이든 모든 비극을 비웃으며 가장 높은 산에 올라간다. -《이 사람을 보라》

• 만약 쾌락과 고통이 너무 밀접하게 연결되어 있어서 최고 수준의 쾌락을 추구하는 사람이 가장 깊은 고통도 견뎌야 한다면 어떨까? 최고의 기쁨을 경험하기 위해서는 가장 깊은 슬픔도 마주할 준비를 해야 하는 것이다. -《즐거운 학문》

• 나는 당신이 평범한 사람, 그 이상(以上)(초인)이 되도록 가르치고 있다. 평범한 사람이 되는 것은 최종 목표가 아니라 우리가 넘어서야 할 목표이다. 당신은 평범한 사람 이상이 되기 위해 노력해왔는가? -《자라투스트라는 이렇게 말했다》

• 사람은 자신의 존재 자체가 하나의 예술 작품인 것처럼 행동함으로써 자신의 존재에 가치를 부여해야 한다. 자신을 뛰어넘어 새롭고 독특한 존재가 되기 위해 끊임없이 노력해야 한다. 그래야만 인생의 의미와 목적이 생긴다. -《자라투스트라는 이렇게 말했다》

• 매끄러운 얼음 위는 전문적으로 춤을 추는 사람들에게는 천국이다. -《자라투스트라는 이렇게 말했다》

• 불길에 휩싸여 재가 될 용기가 없으니, 다시는 새로워질 수 없고 다시는 젊어질 수 없다! -《자라투스트라는 이렇게 말했다》

• 역사를 통틀어 모든 인간은 자신의 한계를 뛰어넘기 위해 노력해 왔다. 이 엄청난 진보를 멈추고 인류를 뛰어넘는 대신 원시 상태로 되돌아가고 싶은가? 유인원은 인간에게 어떤 존재인가? 즐거움의 원천일까, 아니면 불편함의 원천일까? 초인에게 인간은 즐거움의 원천이거나 불편함의 원천일 것이다. ─《자라투스트라는 이렇게 말했다》

• 더 높은 인간은 두려움 없는 태도와 불운에 맞서 싸울 용기로 더 낮은 인간과 구별된다. ─《권력에의 의지》

• 모든 형태의 고통이 제거되어야 한다고 생각하는 것은 매우 어리석은 일이다. 마치 궂은 날씨를 싫어하는 사람들이 불쌍하다고 해서 그 날씨를 없애고 싶어 하는 것과 같다. ─《즐거운 학문》

• 개들에게 미움을 받는 늑대처럼, 사람들에게 미움받는 자는 자유로운 영혼이며, 속박의 적(敵)이고, 숭배하지 않는 자이며, 숲속에 사는 사람이다. ─《자라투스트라는 이렇게 말했다》

• 나는 자신을 뛰어넘어 창조하려다 멸망하는 자를 사랑한다. ─《자라투스트라는 이렇게 말했다》

• 사람들이 당신을 칭찬하는 한, 당신이 걷고 있는 길이 당신 자신의 길이 아니라 다른 사람의 길이라는 사실을 잊지 말라. 그들이 당신을 비난할 때만 당신은 자신의 길을 걷고 있는 것이다. ―《자라투스트라는 이렇게 말했다》

• 당신을 혀로 핥을 번개는 어디에 있는가? 당신을 정화해줄 광기는 어디에 있는가? 보라, 나는 그대에게 초인을 보여주리라. 그는 이 번개이며, 광기이다. ―《자라투스트라는 이렇게 말했다》

• 가장 똑똑한 사람들은 강한 사람들과 마찬가지로 다른 사람들이 문제로만 볼 수 있는 곳에서 행복을 찾는다. 그들은 도전에서, 자신과 타인을 엄격하게 대하는 것에서, 그리고 노력하는 것에서 행복을 찾는다. 그들은 자신을 통제하는 것을 거의 본능처럼 습관화하는 것을 즐긴다. ―《우상의 황혼》

• 나무가 크게 자라려면 바위 사이에 뿌리를 단단히 내려야 한다. ―《자라투스트라는 이렇게 말했다》

• 천재와 재능있는 사람의 차이는 보통 사람들이 할 수 없는 일을 할 수 있느냐이다. ―《우상의 황혼》

• 목자는 없고 양 떼만 있다! 모두가 똑같은 것을 원하고, 모두가 똑같다. 다르게 느끼는 사람은 자발적으로 정신병원에 들어간다. –《자라투스트라는 이렇게 말했다》

• 그 누구도 삶의 강을 건너야 하는 바로 그 다리를 당신을 위해 만들어 줄 수 없다. 오직 당신 자신만이 할 수 있다. –《자라투스트라는 이렇게 말했다》

• 깊게 생각하는 사람들은 다른 사람들과의 교제에서 코미디언처럼 보이는데, 이는 이해받기 위해 항상 피상적인 척을 해야 하기 때문이다. –《인간적인, 너무나 인간적인》

• 고통, 특히 큰 고통의 훈련이 지금까지 인류의 모든 향상을 가져왔다는 것을 아는가? -《선과 악을 넘어서》

• 성공한 사람들과 국가들의 삶을 살펴보라. 키가 크고 튼튼하게 자라는 나무가 악천후나 폭풍우 같은 어려움에 직면하지 않고도 그렇게 성장할 수 있었는지 생각해 보라. 역경, 반대, 미움, 질투, 고집, 불신, 가혹함, 탐욕, 폭력과 같은 어려움이 개인적 또는 도덕적 성장을 위해 필요한 것인지에 대해 생각해 보라. -《자라투스트라는 이렇게 말했다》

• 위인은… 더 차갑고, 더 단단하고, 더 주저하지 않고, '의견'을 두려워하지 않으며, 존중과 '존경심'에 수반되는 미덕, 그리고 '군중의 미덕'인 모든 것이 결여되어 있다. 이끌 수 없다면, 혼자서 간다… 그는 자신이 소통할 수 없다는 것을 알고 있다. 그는 친숙해지는 것이 무미건조하다는 것을 안다. 자기 자신과 대화하지 않을 때는 가면을 쓴다. 그 안에는 칭찬도 비난도 할 수 없는 고독이 존재한다. -《자라투스트라는 이렇게 말했다》

• 위대한 해방이 일어나기 위해서는 먼저 고통스럽고 끔찍한 일들이 일어나야 한다. -《도덕의 계보》

• 당신은 자신의 불꽃 속에서 자신을 태울 준비가 되어 있어야 한다 : 먼저 재가 되지 않았다면 어떻게 새롭게 일어날 수 있겠는가? -《자라투스트라는 이렇게 말했다》

• 강한 성격만이 역사를 견뎌낼 수 있다. 약한 성격은 역사에 의해 소멸된다. -《자라투스트라는 이렇게 말했다》

• 인간은 짐승과 초인 사이에 묶인 밧줄, 심연 위에 걸린 밧줄이다. -《자라투스트라는 이렇게 말했다》

• 모든 심오한 정신에는 가면이 필요하다. -《선과 악을 넘어서》

• 평범한 사람은 항상 우월한 사람을 질투한다. -《자라투스트라는 이렇게 말했다》

• 대중의 일원이 되기를 원하지 않는 사람은 자신에게 관대해지는 것을 그만두기만 하면 된다. -《선과 악을 넘어서》

• 우리가 높이 날아오를수록 날지 못하는 사람들에게는 우리가 작게 보인다. -《자라투스트라는 이렇게 말했다》

• 최고의 자유인은 가장 큰 도전이 도사리고 있는 곳, 즉 폭정이 자행되는 장소에서 아주 가까운 곳, 노예가 될 위험에 처한 곳에서 발견된다. -《자라투스트라는 이렇게 말했다》

• 어느 시대에서나 가장 현명한 사람들은 인생은 무가치하다는 동일한 판단을 내렸다. -《우상의 황혼》

• 나는 인간에게 슈퍼맨, 즉 어둠의 구름을 뚫고 나오는 번개와 같은 존재감을 알려주고 싶다. -《자라투스트라는 이렇게 말했다》

• 나는 기쁨으로 넘쳐나는 태양으로부터 이것을 배웠다. 태양은 해가 질 때도 그 풍요로움이 끝이 없는 것처럼 황금빛을 바다와 아낌없이 나눈다. 그러면 가난한 어부도 금처럼 보이는 노를 저을 수 있다! 이 광경이 너무 아름다워서 눈물이 난다. 태양처럼 자라투스트라도 곧 사라질 것이다. 그는 지금 여기 앉아 아직 완성되지 않은 작품과 아이디어의 부서진 조각들에 둘러싸여 기다리고 있다. -《자라투스트라는 이렇게 말했다》

• 댄싱 스타가 되려면 내면에 혼돈이 있어야 한다. -《자라투스트라는 이렇게 말했다》

• 무분별하게 금지된 힘을 갈망하던 마술사, 연금술사, 점성술사, 마법사 같은 사람들이 없었다면 과학이 생겨나서 지금처럼 대단해졌을 것으로 생각하나? -《자라투스트라는 이렇게 말했다》

• 위대한 사람들의 오류는 작은 사람들의 진리보다 더 존경받아야 한다. 왜냐하면 그것들이 더 많은 열매를 맺기 때문이다. -《인간적인, 너무나 인간적인》

• 우리는 각다귀 떼 같은 성가신 숭배자들을 피하기 위해 어둠 속에 숨는 법을 배워야 한다. -《자라투스트라는 이렇게 말했다》

• 그런 사람들만이 나의 독자이며, 나의 진정한 독자이며, 나의 예정된 독자이다. 나머지 사람들은 무슨 상관인가? 나머지는 그저 인간일 뿐이다. 나의 독자는 평범한 인간보다 힘, 영혼의 고상함에서 우월해야 한다. -《우상의 황혼》

• 나는 희생의 이유를 별들에서 찾지 않고, 초인과 함께 더 나은 미래가 도래할 수 있도록 자신을 세상에 내어주는 사람들을 존경한다. -《자라투스트라는 이렇게 말했다》

• 인간은 극복해야 할 존재이다. -《자라투스트라는 이렇게 말했다》

• 우리 모두가 노력해서 도달할 수 있는 더 높은 차원의 인간, 즉 '초인(Overman)'이 있다. 현재의 방식으로는 충분하지 않다. 당신은 자신을 발전시키고 더 나은 사람이 되기 위해 무엇을 해왔나? 이제 인류는 새로운 목표, 진정으로 야심찬 목표를 설정해야 할 때다. 우리는 더 밝은 미래를 위해, 최고의 자신을 위한 씨앗을 심어야 한다. -《자라투스트라는 이렇게 말했다》

• 가장 심오한 철학보다 당신의 몸 안에 더 많은 지혜가 있다. -《자라투스트라는 이렇게 말했다》

• 나는 자신의 미덕을 사랑하는 사람을 존경한다. 미덕은 자신을 초월하고자 하는 욕망을 나타내며, 깊은 갈망에 의해 발사되는 화살과 같기 때문이다. -《자라투스트라는 이렇게 말했다》

• 하지만 내 사랑과 희망으로 당신에게 간청한다. 당신의 영혼 속에 있는 영웅을 버리지 말라! 당신의 가장 높은 희망을 신성하게 여기라! -《자라투스트라는 이렇게 말했다》

• 영적으로 약한 사람들은 태어나는 순간부터 피곤함과 포기를 설교하는 가르침을 갈망하며 사라지기 시작한다. -《자라투스트라는 이렇게 말했다》

• 순종과 전투 모두에 헌신하는 삶을 살아보라! 오래 사는 게 뭐가 그리 중요한가! 진정한 전사는 목숨을 아끼지 않는다! -《자라투스트라는 이렇게 말했다》

• 나는 인류를 덮고 있는 어두운 폭풍우에서 떨어지는 큰 빗방울 같은 사람들을 존경한다. 이런 사람들은 비록 그 과정에서 지쳐 버리더라도 경고와 변화의 순간을 가져다준다. -《자라투스트라는 이렇게 말했다》

• 나귀가 필요할 때가 있다. 마을에 나귀를 타고 들어가기 전까지는 군중이 호산나를 외치지 않을 것이다. ─《인간적인, 너무나 인간적인》

• 역사는 대부분의 사람들이 의심할 여지 없이 비슷한 신념과 가치를 가지고 있기 때문에 같은 정신을 공유할 때 한 집단이 가장 강력한 힘을 발휘한다는 것을 보여준다. ─《인간적인, 너무나 인간적인》

• 천재는 일에서든 행동에서든 자연스럽게 많은 자원을 소모한다. 자신의 많은 부분을 소모한다는 사실이 그를 위대하게 만드는 것이다. ─《우상의 황혼》

• 노를 저을 때 배가 앞으로 나아가는 것은 노를 젓는 물리적 행위가 아니다. 노를 젓는다는 것은 초자연적인 힘이나 '악마'에게 배를 움직이게 하는 마법의 의식에 가깝다. ─《인간적인, 너무나 인간적인》

• 나는 행동하기 전에 먼저 감동을 주는 말을 나누고, 약속을 지키기 위해 끊임없이 노력하는 사람들을 존경한다. 그들은 스스로의 발전과 성장을 위해 노력한다. ─《자라투스트라는 이렇게 말했다》

• 더 힘들고 어려운 시기가 다가올 조짐이 보여서 기대가 된다. 갈등이 수반될 수도 있지만 영웅주의가 중요한 것이라는 생각을 다시 불러일으킬 것이다. −《즐거운 학문》

• 산에서는 봉우리에서 봉우리로 가는 길이 가장 짧다. 하지만 그러기 위해서는 긴 다리가 필요하다. −《자라투스트라는 이렇게 말했다》

• 오, 위대한 별이여, 당신의 빛을 알아주는 사람이 없다면 당신의 존재 이유가 무엇이겠는가? −《자라투스트라는 이렇게 말했다》

• 나는 지식을 얻기 위해 삶을 바치는 사람들을 존경한다. 그들의 궁극적인 목표는 개인적인 이익이 아니라 더 나은 인간인 '슈퍼맨'의 출현에 기여하는 것이다. 이러한 추구에서 그들은 자신의 안녕을 기꺼이 희생한다. -《자라투스트라는 이렇게 말했다》

• 자기를 낮추는 자는 높아지기를 원한다. -《인간적인, 너무나 인간적인》

• 소크라테스는 최초로 인생 철학을 논한 철학자였다. 그의 철학은 삶보다 지식을 우선시했던 이전 철학자들과 달리 삶의 유익을 위한 실용적 사고를 중시했다. 따라서 소크라테스 철학은 전적으로 실용성에 초점을 맞추면서 윤리적 의미가 없는 지식에 대해선 비판적이었다. -플라톤 이전 철학자들

• 부처가 죽은 뒤에도 그의 그림자는 아주 오랫동안 동굴에 드리워져 있었다. -《즐거운 학문》

• 나는 자신의 미덕을 열정과 목적으로 바꾸는 사람을 존경한다. 미덕을 위해 살거나, 기꺼이 죽을 수도 있는 사람을 말이다. -《자라투스트라는 이렇게 말했다》

• 나는 자신을 위해 아무것도 간직하지 않고 덕의 정신을 온전히 구현하고자 하는, 다리를 건너는 영혼처럼 움직이는 사람을 존경한다. ─《자라투스트라는 이렇게 말했다》

• 항상 자신이 하는 일에 깊이 몰두하는 사람은 무엇보다도 당혹스러움을 느끼지 않는다. 그는 자신의 행동이 감시당하고 있는지, 사람들이 자신을 비웃고 있는지, 자신이 바보짓을 하고 있는지를 알아차리지 못한다. 그는 자기 일에 너무 몰두해서 자의식을 가질 시간이 없다. 이것이 위대한 예술가, 위대한 과학자, 위대한 정치가의 방식이다. 그들은 모두 자기 일에 너무 몰두하느라 당황할 시간이 없다. ─《선과 악을 넘어서》

• 인생의 강을 건너려는 당신을 위해 다리를 놓아줄 수 있는 사람은 아무도 없다. 오직 당신 자신뿐이다. 물론, 이 강을 건너게 해줄 수 있는 수많은 길과 다리와 반신반인(半神半人)들이 있다. 하지만 그 대가로 당신은 자신을 희생해야 한다. 당신은 자신을 저당 잡히고 인생을 망칠 것이다. 세상에는 오직 한 가지 길만 있다. 그 길은 당신 외에는 아무도 갈 수 없는 길이다. 그 길은 어디로 이어지는 것일까? 묻지 말고 그 길을 따라가라. ─《자라투스트라는 이렇게 말했다》

• 가장 높은 산을 오르는 사람은 모든 비극적인 연극과 비극적인 현실을 비웃는다. -《자라투스트라는 이렇게 말했다》

• 나는 내 운명을 안다. 언젠가 내 이름은 지구상에서 유례없는 위기, 가장 심오한 양심의 충돌, 지금까지 믿고 요구하고 신성시하던 모든 것에 반하는 결정을 내린 엄청난 일의 기억과 연관될 것이다. 나는 사람이 아니라 다이너마이트이다. -《이 사람을 보라》

• 대다수의 사람은 훌륭한 아이디어를 이해할 능력이 없다. -《선과 악을 넘어서》

• 가장 영적인 사람들은 또한 가장 강한 사람들로, 다른 사람들이 몰락할 수 있는 곳에서 행복을 찾는다. 이들은 도전에 직면하고, 자신과 타인에게 엄격하며, 새로운 것을 시도하는 데서 행복을 추구한다. 이들의 행복은 자신의 약점을 극복하는 데서 오며, 자연스럽게 자기 수양을 받아들인다. 어려운 과제는 이들에게 특별한 보상과 같으며, 다른 사람들을 압도할 수 있는 도전을 즐긴다. 학습과 지식 습득은 이들에겐 자기 통제를 연습하는 방법이기도 하다. 이들은 매우 존경받는 사람들이지만, 그렇다고 해서 유쾌하지 않거나 친절하지 않다는 의미는 아니다. -《안티크리스트》

• 심오한 사상가는 자기 생각을 대중에게 알리는 것을 두려워한다. 왜냐하면, 대중은 그의 생각을 이해하지 못할 것이기 때문이다. -《선과 악을 넘어서》

• 강렬하고 지속적인 고통, 마치 연기가 피어오르는 장작불에 서서히 타들어 가는 것처럼 서서히 영향을 미치는 고통만이 철학자가 가장 깊은 생각에 도달하게 한다. 그것은 우리가 친절하고 낙관적이며 온건하다고 믿어왔던 모든 것에 의문을 품게 만든다. 이러한 고통이 우리를 '더 나은 사람'으로 만드는지는 잘 모르겠지만, 우리를 더 심오하게 만드는 것은 확실하다. -《즐거운 학문》

• 우리는 스스로에 대한 긍정적이고 건강한 사랑을 배워야 한다.
그래야만 혼자 있어도 다른 곳을 헤매지 않게 된다. −《자라투스트
라는 이렇게 말했다》

• 진실의 우물은 깊고, 그 깊은 곳에 떨어진 것을 알아내는 데는
오랜 시간이 걸린다. −《자라투스트라는 이렇게 말했다》

• 위대한 것들은 우리가 그것들에 대해 침묵하거나, 위대한 방식
으로 말해야 한다는 것을 요구한다. 위대한 방식이란 냉소적이면
서도 순수하게 말하는 것이다. −《권력에의 의지》

04

영원과 현실
– 살아 있는 동안 여러 번 죽어야 한다

니체는 역동적이고 끊임없이 진화하는 자아를 믿었다. 그가 보기에 도덕은 엄격한 계율의 집합이 아니라 자기비판과 변화의 지속적인 과정이다. 이러한 변화에는 낡은 자아의 '죽음', 제한적인 신념과 낡은 가치관을 버리는 것이 필요하다.

강한 편견을 가지고 자란 사람을 생각해 보자. 편견을 넘어 보다 포용적인 세계관을 수용하려면 기존의 도덕적 틀에 맞서야 한다. 이 대립은 '죽음'을 의미하며, 이전의 사고방식이 더 이상 유효하지 않다는 것을 의미한다. 이 '죽음'은 우리의 정체성과 안전지대에 도전하는 것이기 때문에 고통스럽다.

그러나 이 '죽음'을 통해 새롭고 잠재적으로 더 자비로운 자아가 탄생한다. 이것이 니체가 말하는 '불멸'의 본질이다. 우리는 이러한 작은 죽음을 지속적으로 겪음으로써 현재 자아의 한계를 초월하여 보다 진정성 있고 끊임없이 진화하는 도덕적 나침반을 향해 나아간다.

니체는 이러한 '죽음'을 받아들이는 것이 중요하다고 강조했다. 그는 낡은 도덕에 집착하는 것을 나약함의 표시로 여겼다. 예를 들어 젊은이들은 종종 또래로부터 배운 단순한 도덕률에 집착하는데, 니체에 따르면 이는 성장을 방해하는 요소이다. 기존의 신념에 의문을 제기하는 불편함을 받아들여야만 자신만의 도덕적 길을 개척할 수 있다는 것이다.

니체가 보기에 이것은 불멸의 한 형태이며, 자기 개선을 위한 끊임없는 노력과 정체된 도덕의 제약을 넘어서는 삶이다.

• 모든 것은 영원히 생성되고 반복된다. 따라서 탈출구는 없다!
–《권력에의 의지》

• 시간은 빠르게 흐르고 모든 것이 앞으로 나아간다고 믿기 어려울 정도로 빠르게 흘러간다. –《권력에의 의지》

• 이웃을 사랑하라고 말해야 할까? 그 대신 이웃과 거리를 두고 가장 멀리 있는 사람을 사랑하라고 권하고 싶다. 멀리 떨어져 있지만 아직 다가오지 않은 사람을 사랑하는 것이 이웃을 사랑하는 것보다 훨씬 더 중요하다. –《자라투스트라는 이렇게 말했다》

• 냉정한 눈으로 세상을 바라보면 혐오와 두려움이 엄습한다. 모든 것이 추악하거나 무의미해 보이고 깊은 혐오를 느끼게 된다. –《비극의 탄생》

• 가끔, 우리의 꿈이 제대로 이루어질 때 – 자주 일어나는 일은 아니지만 – 꿈은 이야기 대신 생생한 그림과 장면으로 변하여 우리의 감정이나 희망, 상황을 강력하고 시적인 방식으로 감싸준다. 우리가 깨어나서 이런 꿈을 떠올리면, 그 꿈이 얼마나 대담하고 선명했는지 놀라곤 한다. –《즐거운 학문》

• 오류는 인간을 매우 깊고 예민하며 창의적으로 만들어 종교와 예술과 같은 꽃을 피워냈다. 순수한 지식만으로는 그것이 가능하지 않았을 것이다. -《인간적인, 너무나 인간적인》

• 때로는 가장 강력한 증거와 피고인의 자백조차도 누군가의 유죄를 확신하는 사람들의 마음을 바꾸지 못할 때가 있다. 이는 마녀사냥과 같은 큰 혐의뿐만 아니라 모든 종류의 죄에서 발생할 수 있다. -《선과 악을 넘어서》

• 겁쟁이는 항상 근처에 숨어 있는 적을 상상하기 때문에 결코 혼자가 아니다. -《자라투스트라는 이렇게 말했다》

• 불멸을 얻기 위해서는 많은 대가를 치러야 하는데, 살아 있는 동안 여러 번 죽어야 한다. -《자라투스트라는 이렇게 말했다》

• 자연에 법칙이 있다고 말하는 것을 경계해야 한다. 그저 필연성만 있을 뿐이다. 명령하는 자도, 복종하는 자도, 위반하는 자도 없다. 목적이 없다는 것을 이해하게 되면, 우연이라는 말이 의미를 갖는 목적의 세계에서만 우연이라는 것을 이해할 수 있다. -《즐거운 학문》

· 모든 신뢰, 모든 선한 양심, 모든 진실의 증거는 오로지 감각에서 비롯되는 것이다. -《선과 악을 넘어서》

· 남성은 새로 배우거나 경험한 것을 쟁기로 사용하거나 무기로도 사용하지만, 여성은 즉시 장식품에 포함한다. -《자라투스트라는 이렇게 말했다》

· 큰 나라에서는 공교육이 평균적인 경향이 있는데, 이는 대형 식당의 음식이 그다지 좋지 않은 것과 마찬가지이다. -《인간적인, 너무나 인간적인》

• 역사는 감각에 대한 믿음, 거짓에 대한 믿음에 지나지 않는다.
-《우상의 황혼》

• 여성은 깊이가 있다고 여겨진다. 왜일까? 그것은 그들의 바닥
을 결코 발견할 수 없기 때문이다. 여성의 깊이는 심지어 얕지도
않다. -《선과 악을 넘어서》

• 평등주의! 이보다 더 치명적인 독약은 존재하지 않는다. 왜냐
하면 그것은 정의 자체에 의해 설명되는 것처럼 보이지만, 실제
로는 정의의 종말이기 때문이다. -《우상의 황혼》

• 어떤 것을 아름답게 경험한다는 것은 반드시 잘못 경험한다는
것을 의미한다. -《권력에의 의지》

• 사람의 진가는 그의 능력이 줄어들거나 그가 할 수 있는 것을
보여주지 않을 때 드러나기 시작한다. -《선과 악을 넘어서》

• 허무주의엔 어떤 목표도 결여되어 있고, '왜'라는 질문에 대한
답도 결여되어 있다. 허무주의는 최고의 가치가 스스로 가치를
떨어뜨린다는 뜻이다. -《권력에의 의지》

• 모든 것은 순환하며 움직인다. 존재의 바퀴는 멈추는 법이 없다. 모든 것은 끝이 나고, 그 뒤엔 새로운 시작이다. 존재의 순환은 끝없이 이어진다. 사물은 부서질 수 있지만 다시 모인다. 존재의 기반은 끊임없이 재건설된다. 이별이 일어나지만 재회가 뒤따른다. 존재의 순환은 그 자체로 진실이다. 현재의 순간에 존재는 새롭게 시작되며, 모든 위치는 다른 곳과 연결된다. 중심은 어디에나 존재한다. 영원의 길은 굽어 있다. -《자라투스트라는 이렇게 말했다》

• 사랑이란 다른 사람이 우리와는 다르게 살고 행동하며 경험한다는 사실을 이해하고 기쁘게 여기는 것이 아닌가?-《즐거운 학문》

• 호의에 대한 감사를 너무 심하게 느끼는 노예 같은 영혼들이 있어서, 그들은 감사의 밧줄로 스스로를 질식시킨다. -《자라투스트라는 이렇게 말했다》

• 지식은 행동을 죽인다. 행동은 환상의 베일을 필요로 한다. -《비극의 탄생》

• 고대 텍스트의 중요성은 현대인들이 여전히 주의 깊게 읽는 유일한 텍스트라는 점이다. -《시대에 맞지 않는 고찰》

• 모든 것이 똑같고, 가치 있는 것은 없으며, 세상은 무의미하고, 지식이 목을 조인다. –《자라투스트라는 이렇게 말했다》

• 형제 여러분, 지상에 충실하고 초현실적인 희망에 대해 말하는 사람들을 믿지 말라! 그들은 자신들이 알든 모르든 독살자들이다. –《자라투스트라는 이렇게 말했다》

• 옛날 옛적에, 반짝이는 수많은 별들로 이루어진 우주의 한 외 딴 구석에 어떤 별이 하나 있었는데, 거기에 사는 영리한 짐승들이 지식이란 걸 발명했다. –《자라투스트라는 이렇게 말했다》

• 상냥한 사람들, 즉 타고난 아첨꾼들이 없다면 사회에는 햇빛이 없을 것이다. -《인간적인, 너무나 인간적인》

• 현실에서의 희망은 모든 악 중에서 가장 나쁜 것이다. 그것이 인간의 고통을 연장시키기 때문이다. -《인간적인, 너무나 인간적인》

• 어떤 예술가도 현실을 용인하지 않는다. -《인간적인, 너무나 인간적인》

• 사람은 매우 명확하게 말할 수 있지만, 아무도 듣지 않을 수 있다. -《자라투스트라는 이렇게 말했다》

• 지속적인 이익 추구 속에서 살아가는 것은 사람들로 하여금 탈진할 때까지 정신력을 소모하게 만든다. -《즐거운 학문》

• 문화로 알려진 인간 길들이기 또는 수양은 심오한 과정이 아니다. 문화가 심오해지면 기독교인 유형에서 볼 수 있듯이 금방 타락한 인간으로 변한다. '야만인' 또는 도덕적 용어로 '악인'은 자연으로의 회귀를 의미하며, 어떤 의미에서는 '문화'의 영향으로부터의 회복 또는 치유를 의미한다. -《권력에의 의지》

• 우리는 문화라는 수단을 통해 문화가 소멸될 위기에 처한 시대에 살고 있다. −《인간적인, 너무나 인간적인》

• 두려움을 느낄 정도로 깊이가 없다면 그 수면(水面)이 아름다울 수가 없다. −《시대에 맞지 않는 고찰》

• 가장 견딜 수 없는 것, 정말 끔찍한 것은 습관이 없는 삶, 즉흥적인 대처를 계속해야 하는 삶일 것이다. −《즐거운 학문》

• 결국 우리는 항상 선한 의지, 인내심, 공정한 마음가짐, 낯선 것에 대한 온화함으로 보상을 받는다. −《즐거운 학문》

• 우리는 생존을 위해서뿐만 아니라 사색할 여유를 갖지 않기 위해 필요 이상으로 생각 없이 열심히 일하는 경우가 많다. 우리는 모두 자기 생각과 감정에서 벗어나려고 해서 서두른다. −《시대에 맞지 않는 고찰》

• 아픈 사람들은 건강한 사람들에게 가장 큰 위험이다. 강한 사람들에게 해를 끼치는 것은 강한 사람들이 아니라 가장 약한 사람들이다. −《도덕의 계보》

160

• 광기는 불확실성의 결과가 아니라 확실성의 결과이다. −《즐거운 학문》

• 사랑과 죽음은 시대를 막론하고 항상 연결되어 있다. 사랑하고 싶다는 것은 죽음을 맞이할 준비가 되어 있다는 뜻이기도 하다. −《자라투스트라는 이렇게 말했다》

• '저 너머'와 '현실 세계'라는 개념은 우리가 가진 유일한 세계를 덜 중요하게 보이게 만들어 지구에서의 삶에서 노력해야 할 목표, 목적, 과제를 갖지 않게 하려고 만들어졌다. −《이 사람을 보라》

• 당신 앞을 지나가면서 풀을 뜯는 소를 생각해 보라. 소는 '어제'나 '오늘'의 개념을 이해하지 못한다. 그저 뛰어다니고, 먹고, 쉬고, 소화하고, 다시 뛰어다닌다. 소는 아침부터 밤까지, 매일 매일, 현재를 즐기거나 즐기지 않으면서, 그저 현재를 살아갈 뿐이다. 그러니 슬프지도 지루하지도 않다. … 사람이 동물에게 "왜 행복에 대해 말하지 않고 그냥 날 쳐다만 봐?"라고 물어볼 수 있을 것이다. 동물은 "그건 내가 무슨 말을 하려고 했는지 항상 잊어버리기 때문"이라고 대답할 수 있겠지만 이 대답도 바로 잊어버리기 때문에 가만히 있는 것이다. −《시대에 맞지 않는 고찰》

• 나를 이해했다고 생각하는 사람은 누구나 자신의 이미지에 따라 나를 해석했을 뿐이다. −《이 사람을 보라》

• 비전을 가진 사람은 자신에게 거짓말을 하고, 거짓말쟁이는 다른 사람에게만 거짓말을 한다. −《우상의 황혼》

• 생각 하나, 심지어 가능성 하나로 우리를 산산조각 내고 변화시킬 수 있다. −《자라투스트라는 이렇게 말했다》

• 한 번 깨어나면 영원히 깨어 있어야 한다. −《자라투스트라는 이렇게 말했다》

• 강인한 사람은 지구를 매우 사랑하여 지속적인 회귀를 갈망한다. 그들은 삶이 무의미하고 끝없이 반복될 수 있다는 생각에 직면하더라도 웃을 수 있다. 이러한 사람의 또 다른 특징은 세상에는 본래 가치가 없다는 것을 이해하고 수용할 수 있는 능력이다. 모든 가치는 인간에 의해 창조된다. 그들은 자신만의 가치를 만들고 이를 지키며 살아간다는 것에 자부심을 느낀다. −《자라투스트라는 이렇게 말했다》

• 가장 위대한 사건들은 우리가 가장 큰 소리를 내는 시간이 아니라 가장 고요한 시간에 일어난다. −《자라투스트라는 이렇게 말했다》

• 3개월 동안 아름다운 곳에서 살다 보면, 더 이상 그곳을 그렇게 좋아하지 않게 되어 멀리 떨어진 바닷가를 갈망하기 시작한다. 마찬가지로, 무언가를 소유하면 그것이 우리에게 덜 가치 있게 느껴지는 법이다. −《즐거운 학문》

• 공개적으로 위대한 일을 목표로 하면서도 자신이 그것을 달성하기에는 너무 약하다는 것을 은밀히 인식하는 사람은, 대개 자신의 목표를 공개적으로 포기할 힘도 부족하여 필연적으로 위선자가 될 수밖에 없다. −《인간적인, 너무나 인간적인》

• 인간에게는 선과 악의 본능이 있으며, 행복을 얻기 위해서는 선이 악을 이기거나 악을 선으로 훈련해야만 한다는 오래된 편견이 있다. 하지만 이 편견이 틀렸다면? 그리고 선과 악의 본능 같은 것이 존재하지 않는다면 어쩔 것인가? ─《선과 악을 넘어서》

• 우리의 운명은 우리가 아직 인식하지 못하는 순간에도 우리를 지배하고, 미래가 오늘의 법을 만든다. ─《인간적인, 너무나 인간적인》

• 결국, 사물은 있는 그대로이며 항상 그래왔던 것처럼 존재한다. 위대한 것은 위대한 사람들을 위해, 깊은 것은 깊이 생각하기를 좋아하는 사람들을 위해, 섬세하고 흥미로운 것은 그것을 감상할 줄 아는 사람들을 위해, 흔하지 않은 것은 흔하지 않은 사람들을 위한 것이다. ─《선과 악을 넘어서》

• 고등 교육의 임무는 무엇인가? 인간을 기계로 만드는 것이다. 어떤 수단이 사용되는가? 지루함을 참는 법을 가르친다. ─《우상의 황혼》

• 다시 살고 싶도록 살아라. 그것이 너의 의무이다. 어쨌든 너는 다시 살 것이기 때문이다! ─《자라투스트라는 이렇게 말했다》

• 인간은 불멸의 존재가 되기 위해 값비싼 대가를 치른다. 사람은 일생 여러 번 죽어야 한다. -《이 사람을 보라》

• 인간은 오래되고 천천히 발전한 것만을 진정으로 존중하기 때문에, 죽은 뒤에도 계속 살기를 원하는 사람은 후손뿐만 아니라 자신의 과거를 더 많이 돌봐야 한다. -《인간적인, 너무나 인간적인》

• 세상은 가짜 아이디어로 가득하고 진짜는 충분하지 않다. 나는 부정적인 관점('악의 눈'과 '악의 귀'처럼)으로 세상을 바라본다. -《우상의 황혼》

• 새로운 것에서 오래된 것의 존재를 발견하는 순간, 우리는 마음이 편안해진다. -《권력에의 의지》

• 판단하는 사람의 마음과 손은 판단하는 것에 익숙해져 무감각해진다. -《도덕의 계보》

• 철학자에게 변증법적 사고는 시인에게 운문과 같은 것이다. 철학자는 자신만의 경이로움과 매혹을 포착하고 유지하기 위해 변증법적 사고에 매달린다. -《그리스 비극 시대의 철학》

• 코페르니쿠스가 지구가 모든 것의 중심이 아니라는 사실을 밝힌 이후, 인간은 내리막세를 걷고 있는 것 같다. 우리는 점점 더 특별하다는 느낌에서 멀어지고 있으며, 우리가 전혀 중요하지 않은 존재처럼 느껴지기 시작했다. 일반 학문과 우리가 알고 있다고 생각했던 모든 것에 의문을 제기하는 과학은 우리가 예전만큼 중요하지 않다는 것을 계속 알려주고 있다. 과학은 우리의 우월감을 무너뜨리고 우리가 애초에 그렇게 대단하지 않았다는 사실을 깨닫게 하려는 것 같다. -《인간적인, 너무나 인간적인》

• 원문이 해석에 묻혀 보이지 않는다. -《선과 악을 넘어서》

• 잘 만들어진 아포리즘은 시간의 흐름을 거스르지 않고 수 세기에 걸쳐 지속되며 각 시대를 지탱하는 힘이 된다. 이는 끊임없는 변화 속에서도 시대를 초월하는 놀라운 문학적 역설이며, 소금처럼 신선함을 잃지 않고 그 가치를 유지하는 영양소이다. -《인간적인, 너무나 인간적인》

• 신은 죽었지만, 인간이 처한 상태를 고려할 때 아마도 오랫동안 동굴에서 그의 그림자를 볼 수 있을 것이다. -《즐거운 학문》

• 사랑받고 싶어 하는 욕구는 모든 오만한 가정(假定) 중에서도 가장 터무니없는 가정이다. -《자라투스트라는 이렇게 말했다》

• 오늘 가장 많이 웃는 사람이 마지막에도 웃을 것이다. -《우상의 황혼》

• 초기 인류는 단어를 만들어낼 때마다 새로운 것을 발견했다고 생각했다. 하지만 완전히 틀렸다! 그들은 문제를 더 어렵게 만들었을 뿐이다. 이제 우리는 새로운 것을 배울 때마다 낡고 어려운 단어에 부딪히게 되고, 그 단어를 바꾸기보다는 그 단어에 갇히게 될 가능성이 더 높아진 것이다. -《우상의 황혼》

• 오디세우스(Odysseus)가 나우시카(Nausicaa)를 떠났던 것처럼 인생에 열정적으로 집착하기보다는 그 경험에 감사하며 떠나야 한다. -《선과 악을 넘어서》

• 우리는 다른 사람이 좋은 자질을 가지지 않은 것을 확인하기 전에는 좋은 자질 가진 것을 감사하게 생각하지 않는다. -《인간적인, 너무나 인간적인》

• 우리의 희망을 만족시킬 수 없는 친구는 차라리 적으로 두는 것이 낫다. -《인간적인, 너무나 인간적인》

• 전통이 오래될수록 사람들은 그 전통이 처음 시작된 이유를 잊어버릴지라도 더 많은 존경을 표한다. 시간이 지나면서 이러한 존경심이 쌓이면 전통은 거의 신성한 것이 되고 경이로움을 불러일으키는 것이 된다. -《인간적인, 너무나 인간적인》

• 아름답지 않은 것을 먼저 인식하지 못한다면 '아름다운' 것이 무엇을 의미하는지 어떻게 알 수 있단 말인가? 아름다움을 추한 것과 비교할 수 있기 때문에 아름다움을 이해할 수 있는 것이다. -《도덕의 계보》

• 오직 가장 예민하고 활동적인 동물만이 지루함을 느낄 수 있다. -《인간적인, 너무나 인간적인》

• 전쟁이 어떻게 치러지는지 잊어버린 인류에게서 많은 것을 기대하는 것은 광신(狂信)과 아름다운 영혼주의에 불과하다. -《인간적인, 너무나 인간적인》

• 모든 기관(機關)에서 공개 비판이라는 차가운 바람을 없애버린다면, 눈에 보이지 않는 부패가 독버섯처럼 자란다. 특히 정치권이나 학계에서 그러하다. -《우상의 황혼》

• 사물의 가치는 때때로 그것을 통해 무엇을 얻느냐가 아니라 그것을 위해 무엇을 지불하느냐, 즉 얼마를 지불하느냐로 결정된다. -《선과 악을 넘어서》

• 하루를 위해 살고, 매우 빠르게 살며, 매우 무책임하게 사는 것, 바로 이것이 '자유'라는 것이다. -《자라투스트라는 이렇게 말했다》

• 진화는 행복을 목표로 삼지 않는다. 진화는 단순히 진화를 목표로 할 뿐 다른 어떤 것도 목표로 삼지 않는다. -《즐거운 학문》

• 어느 날 밤 악마가 당신의 가장 외로운 고독 속으로 몰래 들어와 이렇게 말한다면 어떨까? "당신은 지금 살고 있는 것처럼 앞으로도 셀 수 없이 여러 번 더 살아야 할 것이다. 그 안에는 새로운 것이 없을 것이며, 모든 고통과 기쁨, 모든 생각과 한숨이 같은 순서대로 반복될 것이다. 이 거미와 나무 사이의 달빛, 이 순간과 너 자신까지도 똑같을 것이다. 존재라는 영원한 모래시계는 계속해서 뒤집어지고 또 뒤집어지며, 당신도 그와 함께 뒤집어지는 모래 한 톨에 불과하다!" 당신은 이렇게 말하는 악마에게 달려들어 이를 갈고 저주하지 않겠는가? 아니면 "당신은 신이며, 이보다 더 신성한 말은 들어본 적이 없다"라고 대답하는 엄청난 순간

을 맞이하겠는가? 당신은 본질적으로 변하거나 어쩌면 무너질 수도 있다. 인생이 영원히 똑같은 방식으로 반복된다고 상상해 보라. 크든 작든 모든 좋은 순간과 나쁜 순간이 반복해서 일어날 것이다. 그래도 좋은가? 이 끝없는 반복을 실제로 원해서 자신과 삶을 정말 사랑해야 한단 말인가?-《즐거운 학문》

• 죽음이 삶과 정반대라고 말하지 말자. 살아 있는 것은 죽음의 독특한 한 종류일 뿐이다. -《자라투스트라는 이렇게 말했다》

• 마지막 분석에서는 가장 훌륭한 남자도 악하고, 마지막 분석에서는 가장 훌륭한 여성도 악하다. -《자라투스트라는 이렇게 말했다》

05

지성과 창의성
─나는 피로 쓴 글만을 사랑한다

니체는 무엇보다도 진정성을 중요하게 여겼다. 그래서 그는 "피로 쓴 글을 사랑한다"라고 말했는데, 이는 진정한 신념, 개인적인 투쟁, 기존 규범에 도전하려는 목숨 건 의지를 암시한다. 그래서 그의 글엔 대중에게 깊은 울림을 주는 진심이 담겨 있다.

심오한 실존적 질문과 씨름하며 그것을 표현하는 데 온 마음과 영혼을 쏟아부은 작가를 상상해 보자. 이러한 내적 투쟁의 흔적이 새겨진 글은 감정을 불러일으키고, 논쟁을 불러일으키고, 잠재적으로 행동에 영감을 준다.

또한 '피'는 자신의 신념을 위해 희생하는 것을 나타낼 수도 있다. 현 상태에 도전하는 진실을 표현하는 것은 종종 사회적 배척이나 비난을 감수해야 하는 위험을 수반한다. '피로 쓴 글'은 자신의 신념을 지키는 데 필요한 용기를 인정하고 이를 두려움 없이 전달하는 것을 의미한다.

니체는 맹목적인 감정주의를 옹호하지 않았다. 그는 지적인 엄격함을 중요하게 생각했지만, 그것이 열정과 결합하여야 한다고 믿었다. 말은 단순히 정보를 전달하는 데 그쳐서는 안 되며, 감동과 영감을 주어야 한다는 것이다. 이러한 지성과 감성의 융합은 기존 패러다임에 도전하고 새로운 길을 개척하는 강력한 도구가 아닐 수 없다.

새로운 길은 창의성을 말한다. 창의적 아이디어를 현실화시키기 위해선 역시 피를 쏟는 치열한 노력이 필요하다. 그러나 이 개념에는 복잡한 측면이 없지 않다. '피로 쓰인' 글은 혐오 발언이나 위험한 이데올로기를 전파하는 데 오용될 수 있다. 니체 자신도 자신의 철학이 잠재적으로 폭력적일 수 있다는 비판을 받아왔다.

핵심은 맹목적인 광신주의와 진정한 신념을 구별하는 데 있다. 진정한 투쟁과 긍정적인 변화에 대한 열망에서 비롯된 말은 악의에서 비롯된 말과는 다른 반향을 불러일으킨다.

• 예술은 단순히 자연의 모습을 모방하는 것 이상이다. 예술은 자연을 뛰어넘어 자연을 이해하고 극복하는 데 도움이 되는 무언가를 더하는 것이다. -《비극의 탄생》

• 예술은 엄격한 신념이 덜 지배적인 곳에서 번성한다. -《인간적인, 너무나 인간적인》

• 모든 고귀한 도덕은 자신을 확고히 인정하는 승리의 확언에서 발전하는 반면, 노예 도덕은 처음부터 '밖에 있는 것', '다른 것', '자신이 아닌 것'에 대해 거부한다. 이 거부가 그 창조적인 행위이다. -《자라투스트라는 이렇게 말했다》

• 예술은 우리에게 눈과 손, 그리고 무엇보다도 우리 자신을 그런 현상으로 바꿀 수 있는 선한 의식을 제공한다. –《즐거운 학문》

• 나는 여전히 살아 있는 고로 여전히 생각한다. 나는 생각해야 하는 고로 앞으로도 살아남아야 한다. –《즐거운 학문》

• 누군가가 진정으로 살아 있고 강력하다고 느낄 때, 인간은 세상을 다르게 본다. 모든 것이 더 강렬하고, 활기차고, 잠재력이 가득한 것처럼 보인다. 인간은 자신을 표현하고 주변의 모든 것을 자신의 내면의 힘과 위대함을 반영하도록 만들고 싶은 강한 충동을 느낀다. 자신의 비전을 반영하도록 세상을 변화시키는 이러한 행위를 우리는 예술이라고 부른다. –《우상의 황혼》

• 우리는 많은 예술가나 작가에게 적대감을 느끼게 되는데, 이는 그들이 우리를 속였다는 것을 마침내 알게 되었기 때문이 아니라, 그들이 우리를 유혹하기 위해 더 교묘한 수단이 필요하지 않다고 생각하기 때문이다. –《인간적인, 너무나 인간적인》

• 예술의 위대한 목적은 무너지는 세상 속에서도 패배를 인정하지 않는 영혼의 힘으로 상상력을 자극하는 것이다. –《비극의 탄생》

• 위대한 영혼조차도 자신의 다섯 손가락 너비만큼의 경험만 가지고 있을 뿐이다. 그 너머에서는 그들의 생각이 멈추고 끝없는 공허함과 어리석음이 시작된다. -《아침놀》

• 모든 사람이 읽는 법을 배우게 되면 장기적으로 글쓰기뿐만 아니라 사고력도 파괴된다. -《자라투스트라는 이렇게 말했다》

• 사물에 의미, 가치, 중요성을 부여한 것은 무엇일까? 욕망에서 비롯된 창조의 마음이다. 그것은 기쁨과 슬픔을 창조했다. 그것은 슬픔으로 자신을 만족시키고 싶어 했다. 우리는 인간과 동물이 견뎌낸 모든 고통을 스스로 떠맡고 그것을 긍정하며, 그 속에서 이성을 얻는 목표를 가져야 한다. -《자라투스트라는 이렇게 말했다》

• 자신의 고통에 대해 글을 쓰면 슬픈 작가가 될 수 있지만, 왜 고통을 겪었고 지금은 어떻게 기쁨을 찾았는지를 설명하면 더 깊이 있는 작가가 된다. -《인간적인, 너무나 인간적인》

• 나는 새로운 길을 가고, 새로운 말이 내게 다가온다. 나는 모든 창작자처럼 오래된 언어에 싫증이 난다. 나의 영혼은 더는 닳아 빠진 밑창 위를 걷고 싶지 않다. -《자라투스트라는 이렇게 말했다》

176

• 위대한 창작물이 다른 방식으로 아무리 가치를 인정받는다고 해도 그것과 비교할 수 없을 정도로 많은 사랑과 열정으로 만들어진다. −《자라투스트라는 이렇게 말했다》

• 꿈속 세계의 아름다운 모습을 창조하는 모든 사람은 완벽한 예술가이다. −《비극의 탄생》

• 내가 원수처럼 생각하는 인간들은 다음과 같다 : 뭔가를 무너뜨리고 싶어 하지만 스스로 뭔가를 세우려는 의지가 없는 인간, 모든 것이 가치가 없다고 떠들어대면서도 가치 있는 것을 창조할 생각이 없는 인간. −《자라투스트라는 이렇게 말했다》

• 조금 가진 사람은 그만큼 적게 소유한다. 적당한 가난은 축복이다! −《자라투스트라는 이렇게 말했다》

• 모든 진정한 믿음은 의심을 초월한다. 그것은 신자의 기대를 충족시킨다. 그러나 그것은 객관적인 진실을 확립하기 위한 증거를 제공하지 않는다. 이 지점에서 사람들의 길이 갈라진다. 평온과 기쁨을 추구한다면 믿음을 포용하고, 진리를 따르고 싶다면 탐구를 택하라. −니체 서간집

• 예술가들은 너무 애쓰지 않고 자연스럽게 일이 일어나도록 내버려 둘 때 자유와 창의성, 힘이 최고조에 이른다는 사실을 잘 알고 있다. 선택이 아닌 필요 때문에 행동할 때 진정으로 자유로워지고 창의력을 통제할 수 있다는 것이다. ─《선과 악을 넘어서》

• 뛰어난 학자 뒤에는 평범한 인간이 있기도 하고, 평범한 예술가 뒤에는 매우 뛰어난 인간이 있기도 하다. ─《선과 악을 넘어서》

• 신비주의적인 설명은 종종 심오하다고 여겨지지만, 실상은 표면도 건드리지 못한다. ─《즐거운 학문》

• 고전을 잘못 판단하고 시대에 뒤떨어진 경외심으로 대하는 사람들은 아마도 고전을 충분히 읽지 않았을 것이다. 고전을 진정으로 존중하는 방법은 그들이 그랬던 것처럼 계속해서 경계를 넓히면서 질문을 던지는 것이다. ─《시대에 맞지 않는 고찰》

• 독창성이란 바로 눈앞에 있어도 이전에 이름이나 설명이 없었던 것을 알아볼 수 있는 능력이다. 일반적으로 사람들은 사물에 이름이 붙어야 그 사물을 알아챈다. 독창적인 사람이 사물의 이름을 생각해내는 경우가 많다. ─《자라투스트라는 이렇게 말했다》

• 세상은 스스로 탄생하는 예술 작품이다. -《권력에의 의지》

• 사람들은 문화의 본질을 오해한다. 문화는 한 사회의 최고의
행복을 보장하거나 모든 사람의 재능을 제한 없이 발휘할 수 있
도록 하는 것만이 아니다. 오히려 문화는 이러한 측면이 균형 잡
히고 조화롭게 결합한 것으로 표현돼야 한다. 문화는 세속적인
행복을 넘어 의미 있고 뛰어난 예술 작품과 성취를 창출하는 데
그 목적이 있다. -《비극의 탄생》

• 나는 독일어권에선 시대를 초월한 형식인 아포리즘과 간결한 문장을 사용하는 최초의 전문가이다. 나의 목표는 다른 사람들이 책 한 권을 다 써서 말하거나 책에서는 전혀 말하지 않는 것을 열 문장으로 표현하는 것이다. -《우상의 황혼》

• 우리가 시에 대해 추상적으로 얘기하는 것은 우리 모두 엉터리 시인이기 때문이다. -《인간적인, 너무나 인간적인》

• 지성을 획득하기 위해서는 반드시 지성이 필요하다. 더 이상 필요하지 않게 되면 지성을 잃게 된다. -《권력에의 의지》

• 진정으로 보는 것을 배우기 위해서는 눈을 차분하게 익히고, 인내심을 기르며, 사물들이 스스로 다가올 수 있도록 허용해야 한다. 판단을 미루고, 각각의 사례를 여러 각도에서 분석하는 습관을 들여야 한다. 이것이 지성 발전을 위한 첫 번째 학습이다. 자극에 즉각적으로 반응해서는 안 되며, 방해하고 고립시키는 본능을 통제할 수 있어야 한다. -《우상의 황혼》

• 내 지식 바로 옆에는 나의 암흑 같은 무지(無智)가 있다. -《자라 투스트라는 이렇게 말했다》

• 창조, 그것은 고통으로부터의 위대한 구원이며 삶의 위로이다. 그러나 창조자가 되고자 하는 사람은 먼저 파괴자가 되어 주위의 병들고 썩어가는 모든 것을 부수어 버려야 한다. -《자라투스트라는 이렇게 말했다》

• 예술이 존재하기 위해서는, 즉, 어떤 종류의 미적 활동이 존재하기 위해서는 특정한 생리적 전제 조건, 즉 도취가 필수적이다. -《비극의 탄생》

• 사려 깊은 사람은 자신의 행동을 실험과 탐구로 여기며 무언가를 발견하려고 노력한다. 무엇보다도 성공과 실패를 해답으로 여긴다. -《즐거운 학문》

• 최고의 아름다움은 한 번에 우리를 압도하거나 크고 강렬한 충격을 주어 금방 싫증을 느끼게 하지 않는다. 그 대신 서서히 우리의 생각 속에 스며드는 아름다움이다. -《인간적인, 너무나 인간적인》

• 창의적인 사람은 새로운 것을 처음 발견하여 드러나는 것이 아니라, 오래되고 친숙한 것을 새롭게 보는 것으로 구별된다. -《즐거운 학문》

• 모든 아름다운 예술, 모든 위대한 예술의 핵심은 감사함이다.
–《인간적인, 너무나 인간적인》

• 될 수 있으면 앉아 있지 말라. 밖에 나가서 자유롭게 돌아다닐
때 떠오른 생각이 아니라면 신뢰하지 말라. –《우상의 황혼》

• 이것은 간결한 글쓰기를 비판하는 사람들에 대한 반박이다. 간
결한 문장은 깊은 숙고의 결과일 수 있다. 그러나 경험이 부족한
독자들은 간결함을 미발달된 것으로 인식하여, 작가가 미숙하고
정제되지 않은 아이디어를 제시한다고 비판할 수도 있다. –《선과
악을 넘어서》

• 우리에게는 현실에 지쳐 죽지 않기 위한 예술이 있다. −《자라투스트라는 이렇게 말했다》

• 생각은 내가 원할 때가 아니라 생각이 원할 때 떠오른다. −《인간적인, 너무나 인간적인》

• 모든 글 중에서 나는 피로 쓴 글만을 사랑한다. 피로 쓰면 피가 혼이라는 것을 알게 될 것이다. −《자라투스트라는 이렇게 말했다》

• 예술적 천재는 즐거움을 주고 싶어 하지만, 그의 마음이 매우 높은 곳에 있으면 자신의 즐거움을 공유할 사람을 쉽게 찾지 못하고, 즐거움을 제공한다 해도 아무도 그것을 받아들이지 않는다. 그는 사람들에게 즐거움을 강요할 권리가 없기 때문에 어떤 상황에서는 코믹하게 감동적인 파토스를 선사하기도 한다. 그는 피리를 불지만 아무도 춤을 추지 않으니 비극인가? −《인간적인, 너무나 인간적인》

• 예술가의 생각을 표현하고 그들의 말하기 방식이 되는 예술 작품의 스타일은 모든 형태의 커뮤니케이션과 마찬가지로 항상 예측하기 어렵다. −《인간적인, 너무나 인간적인》

• 예술을 창조하는 것은 우리가 인생에서 할 수 있는 가장 중요한 일이며, 깊은 생각과 감정을 탐구하는 방법이다. -《비극의 탄생》

• 종이 한 장과 필기구만 있으면 세상을 뒤집어 놓을 수 있다. -《인간적인, 너무나 인간적인》

• 지식의 확장은 의식적인 것을 무의식적인 것으로 만들 때 발생한다. -《도덕의 계보》

• 모든 습관은 우리의 기술을 날카롭게 만들지만, 현장에서 생각하는 능력은 무디게 만든다. -《즐거운 학문》

• 아, 하늘과 땅 사이엔 오직 시인들만이 꿈꿔 왔던 많은 것들이 존재한다! -《자라투스트라는 이렇게 말했다》

• 많은 군인을 관찰하지만 많은 전사를 볼 수 있으면 좋겠다! 그들은 통일된 제복 차림이지만, 그 안에 감춰진 그들의 모습은 다양하고 개성적이어야 하지 않을까? -《자라투스트라는 이렇게 말했다》

• 훌륭한 글은 시와 직접적으로 대화할 때 탄생한다. -《즐거운 학문》

• 우리 문화는 위험에 처해 있다! 문화를 강하게 만들어 줄 것으로 예상되는 것들(예 : 기술 및 미디어)이 실제로 문화를 약화시킬 수 있는 것이다. ─《인간적인, 너무나 인간적인》

• 가장 재치 있는 작가는 독자들에게 거의 알아차릴 수 없는 미소를 짓게 한다. ─《인간적인, 너무나 인간적인》

• 우리는 놀이와 재미가 아이들만의 것이라고 생각하지만 그건 어리석은 생각이다! 어른이 되어서 놀이를 다른 이름으로 부르고 더 진지하게 받아들이더라도, 우리의 삶에는 그런 것들이 필요하다. 아이들이 노는 시간을 중요하게 여기고 동화를 믿는다는 사실을 기억하는가? 우리도 그렇게 되어야 한다! 인생은 짧으니 자라면서 모든 것이 변한다는 지루한 생각만 하지 말자. 상상력과 재미를 잃지 말자! ─《자라투스트라는 이렇게 말했다》

• 형이상학적 세계가 존재할 수 있다는 것은 사실이며, 그 절대적인 가능성에 대해서는 이의를 제기하기 어렵다. 우리는 인간의 머리를 통해 모든 것을 바라보지만 이 머리를 잘라낼 수는 없다. 그럼에도 불구하고 머리를 잘라낸다면 어떤 세계가 남아 있을지는 여전히 의문이다. ─《인간적인, 너무나 인간적인》

• 우리는 책을 읽을 때나 책이 시킬 때만 생각하는 사람들과는 다르다. 우리는 조용한 산이나 바다 근처에서 걷고, 뛰고, 등산하고, 춤을 추는 등 바깥에 있는 동안 생각하는 습관이 있다. 그런 장소의 길조차도 우리를 깊이 생각하게 한다. -《자라투스트라는 이렇게 말했다》

• 나는 엄격한 시스템을 만들려고 하는 사람들에 대해 의구심을 갖고 이를 피하는 경향이 있다. 엄격한 시스템에 대한 열망은 진정성과 진실성이 부족하다는 것을 반영한다. -《우상의 황혼》

• 대부분의 사상가들은 글을 잘 쓰지 못하는데, 이는 그들이 자신의 생각뿐만 아니라 생각하는 과정까지도 전달하기 때문이다. 그들은 '생각하는 행위'와 '생각의 내용'을 분리하는 방법을 모른다. 그들은 마치 누군가에게 귀중한 보석을 보여주기 위해, 보석을 케이스에서 꺼내면서 케이스까지 함께 보여주는 사람과 같다. -《인간적인, 너무나 인간적인》

• 바그너는 인간인가? 그는 오히려 질병이 아닌가? 그는 자신이 만지는 모든 것을 오염시킨다. 그는 음악을 병들게 했다. -《바그너의 경우》

• 행하는 자만이 배운다. -《자라투스트라는 이렇게 말했다》

• 비합리적이라고 해서 존재하지 않는 것은 아니다. 사실, 가장 현실적인 것은 비합리적인 것일 때가 많다. -《인간적인, 너무나 인간적인》

• 혈서와 속담으로 글을 쓰는 사람은 단순히 읽히는 것을 목표로 하는 것이 아니라 자신의 글이 다른 사람의 마음과 머릿속에 깊이 뿌리내리도록 하는 것을 목표로 한다. -《자라투스트라는 이렇게 말했다》

• 지금까지 우리가 만든 규칙과 이상은 물리학이 보여주는 것을 무시하거나 심지어 역행하는 경우가 많았기 때문에, 진정한 창의성을 발휘하려면 물리학을 이해해야 한다. ―《자라투스트라는 이렇게 말했다》

• 내 생각은 플라톤의 생각과 정반대이다. 완전히 현실이 아니더라도 상상력이 풍부하고 창의적일수록 더 좋다고 생각한다. 약간의 환상을 가지고 사는 것은 괜찮고 심지어 좋은 일이다! ―《자라투스트라는 이렇게 말했다》

• 모두를 구석으로 몰아넣고 '전문성'을 강요하는 '현대적 사고'의 세상에 직면한 오늘날의 철학자라면, 만약 그런 철학자가 있다면, 그는 자신만의 광범위한 범위와 다양성 속에서의 총체성을 바탕으로 인류의 위대함, '위대함'이라는 개념을 확립해야 할 것이다. ―《선과 악을 넘어서》

• 평가는 곧 창작이다. 창작자 여러분, 주목하라! 평가는 그 자체로 우리가 소중히 여기는 모든 것 중에서 가장 값진 보물이다. 평가를 통해서만 가치가 존재하며, 평가가 없다면 존재의 열매는 공허하다. 창작자들은 명심하라! ―《자라투스트라는 이렇게 말했다》

• 예술가에게 아름다움은 어떤 순위보다도 높다. 왜냐하면 아름다움은 상반되는 것들을 평화롭게 모아주기 때문이다. 그것은 큰 힘, 강제 없이 대조를 통합하는 능력을 보여준다. 모든 것이 부드럽고 자발적으로 흘러가며, 통제가 필요하지 않다는 사실이 예술가의 영향력에 대한 욕구를 진정으로 만족시켜준다. -《권력에의 의지》

• 회의론보다 더 좋은 불면증 해소제와 진정제는 없다. -《선악의 저편》

• 외국어를 잘하는 사람보다 외국어를 조금 하는 사람이 외국어에 대한 즐거움이 더 큰데, 이는 즐거움이 피상적인 지식과 함께 하기 때문이다. -《인간적인, 너무나 인간적인》

• 꿈속에서도 깨어 있을 때와 마찬가지로 우리는 상호작용하는 사람들을 창조하고 구성하지만, 그 사실을 금방 잊어버린다. -《선악의 저편》

• 길고 복잡한 문장의 바스락거리는 주름을 즐기는 작가들의 모습은 우스꽝스럽다. 그들은 자신의 발을 가리려고 애쓰고 있다. -《즐거운 학문》

• 위대한 시인은 오직 자신의 현실에서 창작물을 끌어낸다. −《비극의 탄생》

• 우리가 말로 표현할 수 있는 것은 이미 마음속에서 생동감이나 의미를 잃어버린 것인 경우가 많다. −《우상의 황혼》

• 힘 있는 사람은 존중을 표현하는 방법을 아는 사람인데, 그것은 그들의 기술이자 창의성의 영역이다. −《선과 악을 넘어서》

• 예술은 가장 낡은 재료로 옷을 입었을 때 가장 쉽게 예술로 인식된다. -《인간적인, 너무나 인간적인》

• 그러나 신화가 없다면 모든 문화는 건강한 창조적 자연력을 잃는다. 신화로 둘러싸인 지평선만이 사회적 운동을 하나로 완성한다. -《비극의 탄생》

• 많은 생각에 익숙한 사람에게는 듣거나 읽는 모든 새로운 생각이 즉시 사슬의 고리처럼 나타난다. -《인간적인, 너무나 인간적인》

• 당신은 단지 그것들에 대해 생각함으로써 그것들을 이해한다고 생각할 수도 있지만, 그것은 완전히 옳지 않다. 당신의 생각은 마차가 지나갈 때 방에서 들리는 덜컹거리는 소리와 같다. 당신은 그저 더 큰 무언가의 여파를 경험하고 있을 뿐이다. 하지만 나는 실제로 마차 안에 앉아서 직접 경험하고 있다. 때때로 나는 마차 그 자체가 되어 경험에 완전히 몰입하기도 한다. 이런 상태에선 생각과 감정, 또는 뇌와 감정 사이의 구분이 없다. 생각은 감정과 연결되어 있다. 아이디어에 대해 정말로 흥분하거나, 심지어 그것 때문에 기분이 나빠질 수도 있는 것이다. -《자라투스트라는 이렇게 말했다》

• 좋은 작가는 자신의 정신뿐만 아니라 친구들의 정신도 소유하고 있다. ─《인간적인, 너무나 인간적인》

• 시간이 지나면서, 나는 역사상 모든 중요한 철학의 본질을 이해하게 되었다. 그것은 본질에서 그 저자의 개인적인 계시를 나타내며 다소 의도하지 않게 무의식적인 자서전 역할을 한다는 것이다. ─《자라투스트라는 이렇게 말했다》

06

인간과 인생
−우리를 죽이지 않는 것은 우리를 더 강하게 만든다

니체는 삶은 전쟁터라고 선언했다. 세상은 평화롭게 풀을 뜯을 수 있는 완만한 초원이 아니라 끊임없이 오를 것을 요구하는 험준한 산이다. 니체는 "우리를 죽이지 않는 것은 우리를 더 강하게 만든다"고 말했다. 인간은 끊임없이 노력하는 존재이며, 권력에 대한 의지로 정의되는 피조물이기 때문이다.

이러한 권력 의지는 지배에 대한 기본적인 욕망이 아니라 한계를 뛰어넘고 자신을 새롭게 조각하려는 자기 극복을 위한 내재적 추진력이다. 인간은 들판의 소와 달리 자신의 정신을 연마하고 회복력을 키우는 지속적인 투쟁을 통한 성장을 갈망한다.

이러한 관점에서 인생은 고난을 형벌이 아닌 기회로 받아들여야 한다. 질병, 역경, 실패를 피할 것이 아니라 우리의 약점을 드러내고 더 강해지기 위한 도전으로 받아들여야 한다는 것이다. 약자, 그리고 압박감에 무너지는 사람들은 편안함과 안전에 집착하며 투쟁이 없는 삶을 추구하지만 니체에게 이것은 정체이며, 인간의 본질에 대한 부정이다.

진정한 힘은 고난이 없는 곳에 있는 것이 아니라 고난을 극복하는 데에 있다. 고난을 극복할 때마다 우리는 더욱더 지혜로워지고, 역경의 불길 속에서 강철처럼 단련된 정신을 갖게 된다. 우리는 죽음을 겪을 때마다 변화하면서 힘을 얻는다.

니체는 행복에 대한 기존의 관점을 완전히 해체할 것을 요구한다. 삶을 안락함의 추구가 아니라 끊임없는 자기 창조의 추구로 바라봐야 한다는 것이다. 그러려면 인간은 고난의 끌을 휘두르며 자신의 존재를 다듬는 조각가가 되어야 한다. 우리가 강해질수록 우리 자신에 대한 조각은 더욱 정교하고 강력해진다.

니체가 보기에 삶과 인간은 역동적인 힘의 투쟁이라는 춤 속에 갇혀 있다. 인간은 권력에 대한 의지에 힘입어 잿더미에서 더 강하고 탄력적으로 일어난다. 이것은 잔인한 게임이 아니라 인간의 성장을 촉진하는 필수적인 긴장이다. 투쟁을 받아들이고 혼돈을 정면으로 응시하여 승리해야 하는 것이 인생이라는 것이다.

• 더는 당당하게 살 수 없을 때 당당하게 죽는 것. 떠나는 사람이 아직 그곳에 있는 동안 실제 작별이 가능할 수 있도록, 자신의 자유로운 선택에 의한 죽음, 적절한 시기의 죽음, 맑은 정신과 기쁨으로 아이들과 증인들 한가운데서 완성되는 죽음. −《즐거운 학문》

• 우리를 격려하지 않는 모든 관계는 우리를 끌어내리고, 그 반대도 마찬가지이다. 그래서 남자들이 아내를 선택하면 일반적으로 조금씩 침체되는 반면 여성들은 일반적으로 조금씩 격상되는 것이다. 지나치게 영적인 남성들은 결혼을 쓴 약처럼 거부하는 것만큼이나 결혼을 필요로 한다. −《자라투스트라는 이렇게 말했다》

• 때로는 사랑에 빠진 사람도 현실적인 시각으로 상황을 바라봐야 한다. 마치 더 강력한 안경을 쓴 것처럼 말이다. 사랑하는 사람의 외모가 20년 동안 어떻게 변화할지 상상할 수 있는 사람은 감정적으로 너무 휩쓸리지 않기 때문에 인생을 항해하기가 더 쉬울 수 있다. -《선과 악을 넘어서》

• 때로는 우리의 강점이 우리를 너무 앞서나가게 해서, 그로 인해 약점을 더 이상 견디지 못하고 결국 약점에 의해 파괴되는 경우가 있다. -《즐거운 학문》

• 우리는 종종 다른 사람들과 공유하는 비밀, 특히 숨겨야 할 것을 드러내는 행위를 즐긴다. -《인간적인, 너무나 인간적인》

• 어떤 사람은 너무 어릴 때 죽고, 어떤 사람은 너무 늙어서 죽는다는 교훈이 이상하게 들리겠지만, 적절한 나이에 죽으라는 뜻이다. -《자라투스트라는 이렇게 말했다》

• 몇 시간의 산행은 도적과 성자를 동등한 존재로 만들어 준다. 피로는 평등과 우애로 가는 지름길이며, 잠은 마침내 그들에게 자유를 더하는 것이다. -《인간적인, 너무나 인간적인》

• 사람은 자신 외에는 다른 사람을 통해 멸망하지 않는다. -《우상의 황혼》

• 우리를 죽이지 않는 것은 우리를 더 강하게 만든다. -《우상의 황혼》

• 평등의 원리! …이보다 더 해로운 이론은 존재하지 않는다. 그것은 실제로 정의가 종말을 맞을 때나 들리는 주장이다. …"평등한 자에게는 평등, 불평등한 자에게는 불평등"이 진정한 정의의 말이고, "불평등한 자를 결코 평등하게 만들지 말라"는 경고이다. -《우상의 황혼》

• 모든 인간이 할 수 있는 것은? 칭찬과 비난. 이것은 인간의 미덕인 동시에 인간의 광기이기도 하다. -《자라투스트라는 이렇게 말했다》

• 큰 빚은 사람을 감사하게 만드는 것이 아니라 복수심을 갖게 만든다. 그리고 작은 자선이 잊혀지지 않는다면, 그것은 갉아먹는 벌레로 변한다. -《자라투스트라는 이렇게 말했다》

• 남자는 사랑에 빠졌을 때 다른 때보다 더 많이 인내하고 모든 것에 복종한다. -《자라투스트라는 이렇게 말했다》

• 싸움에서 이길 희망을 포기했거나 명백히 패배한 사람은 자신의 싸움 스타일로 더욱 존경받기를 원한다. ─《자라투스트라는 이렇게 말했다》

• 나는 신비주의자들을 경멸한다. 그들은 자신이 심오하다고 생각하지만, 사실은 피상적이지도 않다. ─《자라투스트라는 이렇게 말했다》

• 깊은 우물처럼 생각이 깊은 사람들은 사물을 완전히 이해하고 반응하는 데 오랜 시간이 걸린다. 사람들 대부분은 기다릴 인내심이 없기에 이러한 사람들을 무감각하거나 반응이 없거나 심지어 지루하다고 생각하는 경우가 많다. ─《자라투스트라는 이렇게 말했다》

• 다른 사람들을 화나게 하는 사람에겐 반드시 지지자가 있기 마련이다. -《우상의 황혼》

• 슬픈 사람은 자신의 상황이 너무 독특하고 끔찍해서 기분을 좋게 해줄 수 있는 것이 아무것도 없다고 말하면 실제로 기분이 나아질 수 있다. 이 이상한 접근 방식은 그들의 상황이 매우 특별하고 중요하다는 것을 암시하기 때문에 효과가 있다. -《아침놀》

• 누구나 미래의 최전선에 서고 싶어 한다. 그러나 죽음은 절대적인 확실성과 보편성을 지닌 유일한 존재로 우리 모두를 기다리고 있다. 이 부인할 수 없는 사실이 사람들에게 거의 영향을 미치지 않고 죽음에 대한 공통된 유대감 일부라고 생각하지 않는 것이 이상하다. 사람들이 죽음이라는 개념에 집착하지 않는 모습을 관찰하는 것은 다소 위안이 된다. -《즐거운 학문》

• 자존심이 부족하고 큰 승리를 기대할 수 없는 사람들에게 동정은 가장 유쾌한 감정이다. 이들은 취약한 사람들을 쉬운 표적으로 여기며 그들을 위로하는 데서 기쁨을 느끼기 때문에 고통받는 모든 사람들이 그들에게 매혹적인 존재가 되는 것이다. -《자라투스트라는 이렇게 말했다》

• 남자가 지각력과 나이 면에서 성숙함에 이르면 아버지가 자신을 낳은 것이 잘못이었다는 느낌이 들 때가 있다. -《자라투스트라는 이렇게 말했다》

• 고상한 여성들이 예의 바른 자리에서 이야기할 수 없는 것들은 실제로 존재하지 않는다고 생각한다. -《자라투스트라는 이렇게 말했다》

• 여자는 남자보다 아이들을 더 잘 이해하지만, 남자는 여자보다 더 어린아이 같은 존재이다. -《자라투스트라는 이렇게 말했다》

• 군중은 고립 생활이 잘못이라고 주장한다. 오랫동안 당신도 그렇게 주장하는 군중의 일원이었다. -《자라투스트라는 이렇게 말했다》

• 끔찍한 경험은 그것을 경험하는 사람이 또한 끔찍한 존재가 아닌지에 대한 의문을 제기한다. -《선과 악을 넘어서》

• 여성은 진실을 원하지 않는다. 여성에게 진실이란 무엇인가? 태초부터 여성에게 진실보다 더 이질적이고 혐오스럽고 적대적인 것은 없다. 여성의 위대한 예술은 거짓이고, 여성의 가장 큰 관심사는 외모와 아름다움이다. -《자라투스트라는 이렇게 말했다》

• 우리가 "개과천선했다"라고 주장하는 것과는 무관하게 행동의 결과가 우리를 사로잡는다. -《선과 악을 넘어서》

• 모기와 벼룩에게는 자비를 베풀지 말아야 한다. 좀도둑, 비방자, 중상모략자를 교수형에 처하는 것이 옳다. -《자라투스트라는 이렇게 말했다》

• 한 사람에 대한 애정은 다른 사람을 소홀히 하는 대가를 치르기 때문에 원시적인 행동으로 간주될 수 있다. -《선과 악을 넘어서》

• 가지고 있으면서도 더 많은 것을 원하는 것, 그것이 인생이다. -《이 사람을 보라》

• 결혼할 때는 이 여성과 노년기까지 즐겁게 대화할 수 있을 것 같은지 스스로 물어봐야 한다. 결혼 생활의 다른 모든 것은 일시적이지만, 함께 있는 시간 대부분은 대화에 바쳐질 것이다. -《인간적인, 너무나 인간적인》

• 큰일에서 자신을 많이 부정하는 사람은 작은 일에선 자신을 쉽게 허용한다. -《인간적인, 너무나 인간적인》

• 아내가 납치되어 한숨을 쉬는 남편도 있지만, 아무도 아내를 납치하려 하지 않아서 한숨을 쉬는 남편도 많다. —《인간적인, 너무나 인간적인》

• 삶은 나를 실망하게 하지 않았다. 위대한 해방자가 내게 찾아온 그날부터 오히려 매년 더 진실하고 바람직하며 신비롭게 느껴진다. 삶은 의무나 재앙, 속임수가 아니라 지식을 추구하는 탐구자의 실험이 될 수 있다는 생각이 든다. —《즐거운 학문》

• 하루를 위해 살고, 매우 빠르게 살며, 걱정거리 없이 사는 것, 바로 이것이 '자유'라는 것이다. —《차라투스트라는 이렇게 말했다》

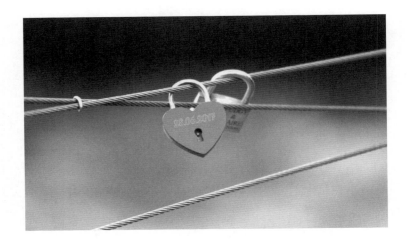

• 나는 자신의 동정심에 자부심을 품고 축복을 받았다고 생각하는 사람들을 정말 싫어한다. 그들은 겸손함이 부족한 것 같다. 나는 연민을 느껴야 한다면 혼자만 느끼는 것을 선호하고, 연민을 느낀다면 차라리 멀리서 느끼는 것을 선호한다. -《자라투스트라는 이렇게 말했다》

• 인생이 고된 상승곡선을 그리는 한, 다리가 부러지는 일은 거의 없다. 위험은 우리가 일을 쉽게 생각하고 편리한 길을 선택할 때 발생한다. -《인간적인, 너무나 인간적인》

• 대체로 처벌은 사람들을 더 무감각하게 만들고, 집중력을 떨어뜨리고, 소외감을 증가시키고, 저항의 힘을 강화한다. -《도덕의 계보》

• 즐거움을 나누면 친구가 되지만 고통을 나누면 그렇게 되지 못한다. -《인간적인, 너무나 인간적인》

• 분개한 사람만큼 거짓말을 잘하는 사람은 없다. -《선악의 저편》

• 좋은 것은 모두 사악한 무언가의 변형이다. 모든 신은 악마를 아버지로 둔다. -《우상의 황혼》

• 먼 별에서 지구를 관찰하면, 지구는 불행하고 자기만 아는 존재들이 사는 곳이라고 생각할 것이다. 이 생명체들은 자신과 지구, 그리고 생명 자체를 증오하는 것처럼 보인다. 고통을 주는 것이 그들에게 즐거움을 주는 유일한 방법이기 때문일지 모른다. —《도덕의 계보》

• 인간만이 웃는 이유를 나는 가장 잘 알고 있다. 인간만이 너무나 깊은 고통을 겪어서 웃음을 발명해야 했기 때문이다. —《자라투스트라는 이렇게 말했다》

• 상처 입은 허영심은 모든 비극의 어머니가 아닐까? —《자라투스트라는 이렇게 말했다》

• 연민은 자긍심이 거의 없고 위대한 정복의 희망도 없는 사람들에겐 가장 기분 좋은 감정이다. —《즐거운 학문》

• 당신은 어떤 나쁜 짓도 저지를 수 있는 사람이다. 난 당신이 좋은 일 하기를 기대한다. 나는 힘이 세지 않거나 위험하지 않다고 해서 자신이 착하다고 생각하는 사람들을 비웃는다. —《자라투스트라는 이렇게 말했다》

• 여성은 아직 발견되지 않은 존재이다. 남성들은 그동안 여성을 자신들의 소유물로만 여겨왔을 뿐이다. −《인간적인, 너무나 인간적인》

• 자조(自嘲)라는 남자의 질병을 퇴치할 가장 확실한 방법은 지혜로운 여자로부터 사랑을 받는 것이다. −《인간적인, 너무나 인간적인》

• 회한, 회한에 빠지지 말고 즉시 자신에게 이렇게 말하라. "회한은 첫 번째 어리석은 행동에 두 번째 어리석은 행동을 더 하는 것에 불과할 뿐이다." −《인간적인, 너무나 인간적인》

• 남자의 행복은 "나는 하겠다"는 의지이다. 여자의 행복은 남자의 의지에 달렸다. 보라, 지금 이 세상은 온전한 사랑이다. 여자는 순종하면서 수면(水面) 같은 자신의 겉모습을 깊이로 뒷받침해야 한다. 여성의 수면은 얕은 물 위에 떠 있는, 이동성이 있고 폭풍우 치는 얇은 막과 같다. 하지만 남자의 성향은 깊다. 그의 강은 지하 동굴에서 울려 퍼진다. 여자는 그의 힘을 느끼지만 이해하지는 못한다. −《자라투스트라는 이렇게 말했다》

• 평등하다고 주장하는 사람보다 더 열등한 사람은 없다. −《인간적인, 너무나 인간적인》

• 처음부터 실패하고, 짓밟히고, 무너진 자들, 즉 가장 약한 자야 말로 삶과 인간과 우리 자신에 대한 우리의 신뢰에 의문을 제기하고 가장 위험하게 독을 뿌리는 사람이다. -《도덕의 계보》

• 가장 작은 것, 가장 부드러운 것, 가장 가벼운 것, 도마뱀의 바스락거림, 숨결, 섬광, 순간, 이 작은 것들이 최고의 행복으로 가는 길을 만든다. -《자라투스트라는 이렇게 말했다》

• 평범함의 특권을 과소평가하지 말자. 더 높이 올라갈수록 삶은 더욱 어려워지고, 냉담함은 커지고, 책임은 증가한다. -《인간적인, 너무나 인간적인》

• 나는 사물의 아름다움을 보는 법을 계속 배우고 싶다. 그러면 나는 사물을 아름답게 만드는 사람이 될 것이다. 아모르 파티 (Amor Fati : 운명애運命愛), 즉 나로 하여금 내 운명을 사랑하게 하소서, 이제부터는 아모르 파티가 나의 사랑이 되게 하소서!-《즐거운 학문》

• 우리가 지루해하기에는 인생이 너무 짧지 않나? -《인간적인, 너무나 인간적인》

• 숨을 헐떡이며 정상에 오르기 위해 안간힘을 쓰는 관광객들처럼, 우리는 종종 경치를 즐기며 오르는 것을 잊곤 한다. −《자라투스트라는 이렇게 말했다》

• 내가 생각하는 사람의 위대함은 간단히 말해서 '아모르 파티(Amor Fati)'를 받아들이는 것인데, 아모르 파티는 과거나 미래나 영원히 달라지기를 바라지 않고 모든 것을 있는 그대로 사랑하는 것을 의미한다. 필요한 것을 인내하는 것이 아니라 진정으로 사랑하는 것이다. −《도덕의 계보》

• 뭐라고? 위대한 인간이라고? 난 자신만의 이상을 가진 유인원으로 밖에는 보이지 않는다. –《인간적인, 너무나 인간적인》

• 사소한 일에서 자신을 통제하지 못하면 중요한 문제에서 자신을 통제하는 데 어려움을 겪게 된다. 매일 사소한 유혹을 거절하지 못하면 하루를 낭비하고 다음 날이 더 힘들어진다. –《도덕의 계보》

• 심오함을 아는 사람은 명료함을 추구하고, 대중에게 심오하게 보이고 싶어 하는 사람은 모호함을 추구한다. 대중은 어떤 것의 바닥을 볼 수 없으면 그것이 심오하다고 믿으면서도 너무 소심해서 물에 들어가는 것을 싫어한다. –《즐거운 학문》

• 백 명의 사람이 모여 있으면 각자 자신의 정신을 잃고 다른 사람의 정신을 얻는다. –《자라투스트라는 이렇게 말했다》

• 인간은 지루함을 피하려고 필요 이상의 일을 하거나, 아니면 놀이, 즉 일반적으로 일하는 것 외에는 필요를 느끼지 않도록 고안된 일을 발명한다. –《인간적인, 너무나 인간적인》

• 진정한 사랑에서는 영혼이 몸을 감싸 안는다. –《선과 악을 넘어서》

• 인간의 삶은 설명하기 어렵고 목적도 없다. 바보라도 그 결과를 결정할 수 있다. -《자라투스트라는 이렇게 말했다》

• 사랑은 짧고 어리석은 행동의 집합이다. 결혼은 이러한 짧고 어리석은 순간들이 모두 끝나고, 하나의 크고 긴 실수가 시작되는 것이다. -《자라투스트라는 이렇게 말했다》

• 새가 아닌 사람은 심연 위에 둥지를 틀어서는 안 된다. -《자라투스트라는 이렇게 말했다》

• 악의로 다른 사람이 고통스러워지기를 바라는 것이 아닌 것처럼, 동정은 다른 사람이 행복해지는 것을 목적으로 하지 않는다. -《인간적인, 너무나 인간적인》

• 대화 주제가 떠오르지 않을 때 친구들의 비밀스러운 일을 털어놓지 않는 사람은 거의 없다. -《인간적인, 너무나 인간적인》

• 사람들은 "삶은 견디기 어렵다"고 말한다. 그렇지 않다면 아침에는 자부심을 품었다가 왜 저녁에 체념한단 말인가? -《자라투스트라는 이렇게 말했다》

• 모든 개인적인 허영심 뒤에는 항상 여성에 대한 비인격적인 경멸이 숨어 있다. -《자라투스트라는 이렇게 말했다》

• 인간의 가치는 다른 사람들과 관련해서만 측정될 수 있다. -《권력에의 의지》

• 지식인은 적을 사랑할 뿐 아니라 친구를 미워할 줄도 알아야 한다. -《인간적인, 너무나 인간적인》

• 숫자를 통해 우주를 끊임없이 해석하지 않으면 인간은 계속 살아갈 수 없다. -《즐거운 학문》

210

• 배고픈 사람이 음식이 화려하든 평범하든 상관하지 않는 것처럼, 재미만 추구하는 사람은 복잡하거나 예술적인 작품을 감상하지 않는다. 그래서 인상적인 예술 작품을 만드는 데 집중하는 예술가는 이런 사람들에게 어필하려고 애쓰지 않는다. −《인간적인, 너무나 인간적인》

• 나는 춤을 추지 않은 날은 낭비한 날이라고 생각한다. −《자라투스트라는 이렇게 말했다》

• 위대한 업적을 이룬 사람들과 여성은 전통적으로 일할 필요가 없는 존재로 여겨져 왔다. 인생에서 가장 좋은 순간은 사실 일이 아니라 우리가 즐기는 순간이다. 일은 그 좋은 순간에 도달하기 위한 수단일 뿐이다. −《자라투스트라는 이렇게 말했다》

• 완벽한 여성은 완벽한 남성보다 더 높은 유형의 인간이며, 또한 훨씬 더 희귀한 존재이다. 동물의 자연사는 이 이론을 뒷받침할 근거를 제공한다. −《인간적인, 너무나 인간적인》

• 몇 가지 결점이 있다고 해서 그 사람의 전체적인 성숙도나 품격이 떨어지는 것이 아니다. −《인간적인, 너무나 인간적인》

• 인생은 우리가 좋아하는 것과 싫어하는 것에 대한 끝없는 논쟁의 연속이다. ―《자라투스트라는 이렇게 말했다》

• 결혼에 대해 오랫동안 죄책감을 가져왔다. 이 감정을 믿어야 할까? ― 그렇다, 믿어야 한다. ―《우상의 황혼》

• 나는 너무 많은 미덕을 바라지 않는 사람을 사랑한다. 하나의 미덕은 두 개의 미덕보다 더 큰 미덕이다. 왜냐하면, 하나의 미덕은 운명이 매달릴 수 있는 더 큰 매듭이기 때문이다. ―《자라투스트라는 이렇게 말했다》

• 사랑으로 이루어진 결혼(소위 "사랑의 짝짓기")은 오류를 아버지로, 불행(필요성)을 어머니로 삼는다. ―《인간적인, 너무나 인간적인》

• 결혼은 함께 성장하여 자신보다 더 큰 것을 만들겠다는 약속이다. ―《자라투스트라는 이렇게 말했다》

• 남자의 기쁨은 "내가 선택해"라는 말에서 나오는 반면, 여자의 기쁨은 "그가 선택해"라는 말에서 나온다. ―《인간적인, 너무나 인간적인》

• 때때로 거짓말을 할 수도 있지만, 그 거짓말에 수반되는 찡그린 표정이 진실을 말해 준다. −《인간적인, 너무나 인간적인》

• 언어가 문화의 진화에 중요한 이유는 인간이 언어를 통해 다른 세계 옆에 분리된 세계를 구축했기 때문이다. 인간은 이 세계가 매우 확고하게 자리 잡고 있다고 생각하여 그 위에 서서 나머지 세계를 문고리에서 들어 올려서 자신을 주인으로 만들 수 있다고 생각했다. 인간이 오랫동안 사물의 개념과 이름을 불변의 진리로 믿어온 만큼, 인간은 언어를 통해 자신을 동물보다 높은 위치로 끌어 올렸다고 자부하게 되었다. 인간은 실제로 언어를 통해 세상에 대한 지식을 소유한다고 생각했다. −《인간적인, 너무나 인간적인》

• "여기가 내 길인데, 당신의 길은 어디인가?" 나는 '길'을 묻는 사람들에게 이렇게 대답했다. "길은 존재하지 않는다!" −《자라투스트라는 이렇게 말했다》

• 개인으로서 내가 왜 존재하는지 생각해 보라. 명확한 답을 찾지 못했다면, 삶의 방향과 의미를 부여할 수 있는 높고 고귀한 목표나 목적을 설정하여 자신의 존재 목적을 회고적으로 정의해 보라. −《시대에 맞지 않는 고찰》

• 선의의 적처럼 도전할 수 있는 친구가 있어야 한다. 그와 의견이 다를 때야말로 가장 솔직하고 개방적인 태도를 보여야 할 순간이다. –《자라투스트라는 이렇게 말했다》

• 기쁨은 모든 것이 영원히 지속되기를 원한다. 모든 일이 의미 있고 중요하기를 원한다. 기쁨은 삶을 충만하고 깊이 있게 경험하기를 원한다. –《자라투스트라는 이렇게 말했다》

• 남성은 게으른 것보다 더 게을러서 조건 없는 솔직함과 노출로 인한 문제를 가장 두려워한다. –《인간적인, 너무나 인간적인》

• 오늘날 사람들은 경험의 과부하에 걸리지만 이를 되돌아볼 시간을 갖지 못한다. 식욕은 왕성하지만 몸이 아픈 것처럼, 많이 먹지만 영양분을 섭취하지 못하는 것과 같다. 요즘 아무것도 경험하지 않았다고 말하는 사람은 바보이다. –《자라투스트라는 이렇게 말했다》

• 편지는 예고 없는 방문이며, 우체부는 무례한 놀라움의 대리인이다. 일주일에 한 시간 정도는 따로 시간을 내어 우편물을 살펴보고 그 뒤에는 목욕하며 휴식을 취하는 것이 좋다. –《인간적인, 너무나 인간적인》

• 우리는 자신보다 타인에게 더 솔직하다. -《인간적인, 너무나 인간적인》

• 참을성 있는 나무들. 소나무는 경청하는 듯하고 전나무는 기다리는 듯하며, 둘 다 서두르지 않는다. 나무들은 밑에서 살아가는 불안하고 호기심 많은 인간을 신경 쓰지 않는다. -《인간적인, 너무나 인간적인》

• 한 사람의 성적 취향의 정도와 종류는 그의 영혼의 궁극적인 정점까지 올라간다. -《선악을 넘어서》

• '있어야 할 사람'이라는 말은 '있어야 할 나무'만큼이나 어리석은 말처럼 들린다. −《권력에의 의지》

• 남편과 아내가 같이 살지 않는다면 행복한 결혼 생활의 기회가 더 많아질 것이다. −《인간적인, 너무나 인간적인》

• 질투는 모든 사람들이 가진 성품의 하나이다. 질투는 무서운 것이다. 인간이 가진 덕목도 질투로 파괴되기 때문이다. −《자라투스트라는 이렇게 말했다》

• 믿음이 강한 사람은 회의주의라는 사치에 빠져들 수 있다. −《우상의 황혼》

• 극단적인 행동은 타인에게 깊은 인상을 남기고 싶은 욕구에서, 정상적인 행동은 습관적으로, 불친절한 행동은 두려움에서 비롯된다고 생각하면 크게 틀리지 않을 것이다. −《자라투스트라는 이렇게 말했다》

• 하나님은 여자를 창조하셨다. 그 순간부터 지루함은 실제로 멈췄지만 다른 많은 것들도 멈췄다! −《우상의 황혼》

• 한때 우리를 해치려 했던 사람 곁에 있을 때와 마찬가지로 우리에게 매우 화를 내는 사람 곁에서는 조심해야 한다. 우리가 아직 살아 있는 유일한 이유는 그들이 우리를 해칠 수단이 없었기 때문이다. 화난 표정이 해를 입힐 수 있었다면 우리는 오래전에 사라졌을 것이다. -《인간적인, 너무나 인간적인》

• 만족은 감기에 걸리지 않게 보호해준다. 자신이 잘 차려입었다는 것을 아는 여성이 감기에 걸린 적이 있었나? 아니다. 등을 맨살로 드러낼 때도 걸리지 않았다. -《우상의 황혼》

• 당신을 너무 원하는 여자의 꿈에 갇히는 것보다 살인자에게 잡히는 것이 더 안전하지 않을까? -《자라투스트라는 이렇게 말했다》

• 뚜렷한 개인적 이유 없이, 깊은 개인적 욕구 없이, 즐거움 없이, 그저 기계처럼 의무적으로 일하고 생각하고 느끼는 것보다 사람을 더 빨리 쇠퇴시키는 것은 무엇일까? -《자라투스트라는 이렇게 말했다》

• 사회는 늑대를 개로 길들인다. 인간은 가장 길든 동물이다. -《우상의 황혼》

• 의사여, 스스로 치료하라. 그래야 환자도 도울 수 있다. 환자를 도울 수 있는 가장 좋은 방법은 스스로 치료할 수 있는 사람이라는 것을 보여주는 것이다. -《자라투스트라는 이렇게 말했다》

• 이슬 한 방울이 몸에 맺혀 떨고 있는 장미꽃과 우리의 공통점은 무엇일까? -《자라투스트라는 이렇게 말했다》

• 인류 역사상 가장 길고 오래된 축제의 역사를 보면 알 수 있듯이 잔인함은 축제에서 중요한 역할을 한다. 처벌에는 축제와 즐거움의 요소가 내포되어 있다. -《우상의 황혼》

• 나는 내 방식대로 살고 싶다. 그것이 내가 원하는 것이고, 가장 성스러운 사람들도 원하는 것이다. 하지만 문제는 "나에게 여전히 욕망이 있는가? 목표가 있는가? 내가 돛을 달고 가고자 하는 곳이 있는가? 나를 그곳으로 데려다줄 좋은 바람은 어디서 불어오는가?"라는 것이다. 어디로 가는지 아는 사람만이 자신에게 좋은 바람이 무엇인지 알 수 있는 법. 내게 남은 것은 무엇인가? 지친 마음, 변화하는 욕망, 불확실한 의지, 펄럭이는 날개, 상한 영혼. 자라투스트라여, 내 자리를 찾는 이 일이 나를 향수병에 걸리게 하는 걸 아는가? 그것이 나를 집어삼키고 있다오. -《자라투스트라는 이렇게 말했다》

• 여성은 남성이 어리석다고 말하고 남성은 여성이 비겁하다고 말한다. 멍청한 여자는 여자가 아닌 것으로 간주된다. -《인간적인, 너무나 인간적인》

• 고통에 대해 분노하게 만드는 것은 고통 그 자체가 아니라 고통의 무의미함이다. -《도덕의 계보》

• 고통을 견딜 수 있는 능력은 사소한 문제다. 약한 여자들과 노예들조차도 그 점에서는 기교를 발휘할 수 있다. -《즐거운 학문》

• 진정한 남자는 두 가지를 원한다 : 위험과 놀이. 그래서 그는 가장 위험한 장난감인 여자를 원한다. ―《자라투스트라는 이렇게 말했다》

• 인간은 자신의 생각으로부터 자유롭지 않다. 하지만 어떤 생각을 할지는 선택할 수 있다. ―《인간적인, 너무나 인간적인》

• 인간은 살기 위해 격려받아야 하는 유일한 동물이다. ―《자라투스트라는 이렇게 말했다》

• 나의 행복 비결은 간단하다. '예' 혹은 '아니오'라고 말하고, 올곧은 길을 가고, 목표를 갖는 것이다. ―《이 사람을 보라》

• 높이 날 수 없는 자는 땅을 비방한다. ―《자라투스트라는 이렇게 말했다》

07

도전과 성취
—승자는 우연을 믿지 않는다

니체는 성취를 위해 도전과 투쟁의 중요성을 강조하는 인생관을 가졌다. 그의 철학에서 도전의 개념은 단순히 극복해야 할 장애물이 아니라 성장과 발전, 궁극적으로는 성취를 이끄는 인간 존재의 필수 요소이다.

니체는 인간의 삶은 투쟁과 갈등으로 특징지어진다고 믿었다. 그러나 이러한 어려움은 피하거나 원망할 대상이 아니라 개인이 자신의 한계를 시험하고 강점을 키우며 궁극적으로 자신의 잠재력을 최대한 발휘할 기회로 활용한다.

니체 철학의 핵심은 '나 자신이 되는 것'이다. 그는 자신의 한계를 뛰어넘고 자신의 본성을 수용하려는 의식적인 노력, 즉 자기 극복의 지속적인 과정을 통해서만 진정한 성취를 이룰 수 있다고 믿었다. 이 과정에는 삶이 제시하는 도전을 외면하지 않고 직면하여 포용하는 것이 포함된다.

또한, 니체는 자신이 처한 상황을 수동적으로 받아들이는 것을 거부했다. 대신에 그는 삶에 적극적으로 참여하여 도전에 정면으로 맞서고 자신의 의지를 관철시키라고 역설했다. 진정한 성취는 고통이나 불편함을 피하는 것이 아니라 장애물이 있더라도 자신의 목표와 열망을 적극적으로 추구하는 데서 비롯된다는 것이다.

니체는 얄팍한 형태의 행복이나 만족을 추구하는 것을 경계했다. 그는 진정한 성취는 노력과 희생, 심지어 고통을 수반하는 고귀하고 의미 있는 목표를 추구할 때에만 얻을 수 있다고 믿었다.

• 자신을 아끼지 않아야 하고, 힘든 진실 속에서도 밝고 기운차게 지낼 수 있는 강인함이 습관처럼 몸에 배어 있어야 한다. –《이 사람을 보라》

• 발전의 크기는 그것이 요구하는 희생의 크기로 측정된다. –《도덕의 계보》

• 나는 당신에게 일하지 말고 싸우라고 조언한다. 나는 당신에게 평화가 아니라 승리하라고 조언한다. 당신의 일이 전투가 되게 하고, 당신의 평화가 승리가 되게 하라!–《자라투스트라는 이렇게 말했다》

• 나는 고향을 떠나야만 한다. 그래서 지금은 바다 건너, 아직 찾지 못한 내 아이들이 살아갈 땅만을 사랑한다. 나는 배를 바다에 띄워 그 땅을 찾아 나서야 한다. -《자라투스트라는 이렇게 말했다》

• 전쟁을 포기하는 것은 위대한 삶을 포기하는 것이다. -《우상의 황혼》

• 무언가를 강하게 원하는 사람은 원하는 것과 행동하는 것이 밀접하게 연관되어 있다고 생각한다. 그들은 자신의 성공이 강한 욕망에서 비롯된다고 생각하고, 이를 통해 원하는 것을 성취했을 때 더 큰 힘을 느끼게 된다. -《선과 악을 넘어서》

• 가장 용감하고 영적으로 각성된 사람들은 종종 가장 혹독한 비극에 직면한다. 그런데도 그들이 삶을 소중히 여기는 이유는 가장 혹독한 시련을 통해 도전하기 때문이다. -《우상의 황혼》

• 모든 관습, 심지어 가장 어려운 것도 시간이 지나면 더 즐거워지고 부드러워진다는 것을 깨닫게 되며, 가장 엄격한 삶의 방식도 습관이 되면 즐거움이 될 수 있다는 것을 깨닫게 된다. -《인간적인, 너무나 인간적인》

• 인류가 이룬 가장 큰 진전은 올바른 추론을 하는 법을 배우는 데 있다. -《선과 악을 넘어서》

• 당신은 잠자는 자들의 땅에서 무엇을 하려 하는가? 고독의 바다를 떠다니는 당신을 바다가 들어 올렸다. 마침내 메마른 땅에 오를 준비가 되었는가? 해변에 당신의 몸을 끌어올릴 준비가 되었는가? -《자라투스트라는 이렇게 말했다》

• 모든 성취, 지식의 모든 진전은 용기와 자신에 대한 강인함, 자신에 대한 성실함의 결과이다. -《권력에의 의지》

• 풍부하고 영리한 생각을 하면 얼굴뿐만 아니라 몸도 영리한 모습으로 변한다. -《자라투스트라는 이렇게 말했다》

• 용기와 쾌활함으로 가득 찬 마음에도 때때로 약간의 위험이 필요하다. 그렇지 않으면 세상은 견디기 힘들어진다. -《자라투스트라는 이렇게 말했다》

• 나는 당연히 '이해하기 어려운' 사람이 되기 위해 모든 것을 한다. -《선과 악을 넘어서》

• 심각한 고통을 야기할 힘과 의지가 없다면 누가 위대함을 이룰 수 있을까? 고통을 견디는 것은 사소한 일이다. 이런 면에서 가장 약한 여성과 노예조차도 뛰어날 수 있다. 그러나 진정한 위대함의 척도는 큰 고통을 가하고 그 메아리를 들을 때 죄책감이나 혼란에 휩싸이지 않는 데 있다. 이러한 회복력이 진정한 위대함의 특징이다. −《즐거운 학문》

• 모든 정신적인 부재, 모든 평범한 천박함은 자극에 저항하지 못하는 무능력 때문이다. 즉, 반응해야 하고 모든 충동을 따라야 한다. −《안티크리스트》

• 개선은 뭔가가 만족스럽지 않다고 느끼는 사람에 의해 이루어진다. −《인간적인, 너무나 인간적인》

• 승자는 우연을 믿지 않는다. 그는 자신의 노력으로 모든 것을 이뤘다고 확신한다. −《인간적인, 너무나 인간적인》

• 모든 성취와 배움의 진전은 용기를 내고, 자신에게 엄격하며, 자신에게 정직함을 유지하는 데서 비롯된다. −《자라투스트라는 이렇게 말했다》

• 망각은 신성한 능력이다. 높은 곳을 열망하고 날기를 원하는 사람은 무거운 것을 많이 벗어버려서 자신을 가볍게 만들어야 한다. 나는 이것을 가벼움에 대한 신성한 능력이라고 부른다. -《자라투스트라는 이렇게 말했다》

• 모든 전진은 누군가의 정신적, 육체적 고통의 대가로 이루어지는 것이다. -《즐거운 학문》

• 흔히 저지르는 실수는 무슨 일이 있어도 자신의 신념을 고수해야 한다고 생각하는 것이다. 하지만 실제로는 자신의 신념에 의문을 제기하고 도전하는 용기가 필요하다. -《선과 악을 넘어서》

• 어려움을 극복하는 법을 배우고, 큰 도전을 기회로 바꿀 수 있으며, 자신을 망가뜨리지 않는 경험은 결국 자신을 더욱 회복력 있게 만들어 준다. -《이 사람을 보라》

• 학자들이나 예술가들과의 교류에서는 상반된 종류의 실수를 하기 쉽다. 뛰어난 학자에게서 평범한 사람을 발견하게 되고, 평범한 예술가에게서도 매우 뛰어난 사람을 발견하기도 하는 것이다. -《선과 악을 넘어서》

• 건축가가 낡은 아치(arch)를 강화하려면 아치에 가해지는 하중을 높여야 한다. 그래야 부품들이 더 단단하게 결합하기 때문이다. -《인간적인, 너무나 인간적인》

• 특히 무슨 일이 있어도 결국에는 잃게 될 것이기 때문에 우리는 삶에 대해 용감하고 위험한 접근 방식을 취해야 한다. -《시대에 맞지 않는 고찰》

• 지혜의 길을 따라, 넉넉한 발걸음으로, 넉넉한 자신감으로… 여러분이 어떤 사람이든, 자신만의 경험을 위한 원천이 되어라. 자신의 본성에 대한 불만을 버려라. 자신을 용서하라. 잘못된 시작, 실수, 망상, 열정, 사랑, 희망 등 여러분이 살아온 모든 것을 아무것도 남기지 않고 통합할 힘이 바로 당신 자신에게 있는 것이다. -《인간적인, 너무나 인간적인》

• 타고난 재능에 관해 이야기하지 말라! 모든 분야에서 뛰어난 업적을 남긴 사람 중에는 타고난 재능이 매우 적은 사람도 많다. 그들은 누구도 자랑스럽게 내세울 수 없는 자질, 즉 숙련공의 진지함을 가지고 있었기 때문에 위대해졌고 그렇게 해서 우리가 말하는 '천재'로 인정받게 되었다. 그들은 큰 것을 만들려고 하기 전에 개별 부품을 올바르게 만드는 법을 배웠다. 그들은 눈에 확 띄는 전체를 만드는 데 집중하기보다는 작고 덜 중요한 것을 잘 만드는 데 시간을 들였다. -《우상의 황혼》

• 우리는 어떤 대가를 치르더라도 평화와 화합을 원하지 않으며, 지루하고 죽은 획일성보다는 갈등의 위험, 모험의 불확실성, 삶의 폭풍을 더 선호한다. 우리는 은둔자가 아니라 전사이다. 등반가에게 정상이 필요하듯 우리에게도 적이 필요하다. -《선과 악을 넘어서》

• 나는 스스로 고통을 극복하고 고민을 덜어냄으로써 더 밝은 미래를 만들어냈다. -《자라투스트라는 이렇게 말했다》

• 인간은 강해져야 한다는 욕구를 가져야 한다. 그렇지 않고는 절대 강해질 수 없다. -《권력에의 의지》

• 아무리 위대한 일을 이루고 싶어도 잉태(孕胎)의 깊은 고요함을 경험하지 못한다. 그날의 사건들은 바람에 날리는 나뭇잎처럼 당신을 데려가는데, 안타깝게도 당신은 그 사건들을 쫓고 있다고 믿는다. 무대에서 주연을 맡고 싶다면 합창단의 일원이 되는 것을 고려해서는 안 되며, 합창단이 어떻게 구성되는지조차 몰라야 한다. -《아침놀》

• 자기 자신을 넘어서서 별들을 자기 밑에 둘 때까지 올라가야 한다. -《자라투스트라는 이렇게 말했다》

• 인류가 존재하는 이유에 대해선 우리가 신경 쓸 필요조차 없다. 대신, 당신이 왜 여기에 있는지 자신에게 물어보라. 즉각적으로 대답이 떠오르지 않는다면, 의미 있고 고결한 목표를 세우고 모든 것을 희생하더라도 그것을 위해 노력하라! -《권력에의 의지》

• 모든 위대한 발전, 모든 문화의 '진보'는 엄청난 고통과 희생의 토대 위에 서 있는 것이다. -《우상의 황혼》

• 위험하게 살아야 한다. 베수비오 화산의 경사면에 도시를 건설하라! 지도에 없는 바다로 배를 보내라! 동등한 자들과 전쟁을 벌이고, 열등한 자들과 평화롭게 지내라! ……그리고 반드시 거짓말을 해야 한다면, 화려하게 거짓말을 해라! 하지만 무엇보다도, 위험하게 살아라! 인생의 비밀은 위험하게 사는 것이기 때문이다. -《자라투스트라는 이렇게 말했다》

• 인생에서 가장 큰 결실과 즐거움을 수확하는 비밀은 위험하게 사는 것이다. −《자라투스트라는 이렇게 말했다》

• 원한은 우리를 과거에 갇히게 하고 미래를 향한 발걸음을 막는다. −《자라투스트라는 이렇게 말했다》

• 사람들은 놀랍고 뛰어난 인재를 키우기 위해 끊임없이 노력해야 하는데, 이것이 바로 우리의 목표이다. 중요한 질문은 "어떻게 하면 여러분의 삶, 여러분의 개인적인 삶이 가장 중요하고 의미 있는 삶이 될 수 있을까?" 하는 것이다. 답은 간단하다. 진정으로 특별한 사람들, 최고 중의 최고를 돕는 것이다. −《시대에 맞지 않는 고찰》

• 살아야 할 이유가 있는 사람은 어떤 어려움도 견뎌낼 수 있다. −《아침놀》

• 악에 빠지려면 육체적 용기가 필요하다. '선한 자'는 너무 비겁해서 그렇게 하지 못한다. −《인간적인, 너무나 인간적인》

• 어디에서든 '새로운 천국'을 건설했던 사람들은 먼저 자신의 지옥에서 그 힘을 찾은 사람들이었다. −《자라투스트라는 이렇게 말했다》

• 독립성과 자제력을 유지하기 위해서는 무엇이든 기꺼이 포기할 수 있어야 한다. -《이 사람을 보라》

• 나는 숲이고, 어두운 나무들로 이루어진 밤이다. 하지만 내 어둠을 두려워하지 않는 사람은 내 사이프러스 나무 아래에서 장미로 가득한 강둑을 찾을 것이다. -《자라투스트라는 이렇게 말했다》

• 나는 큰일에 접근하는 한 가지 방법을 알고 있는데, 바로 놀이처럼 대하는 것이다. 일을 놀이로 보는 것이 위대함의 핵심 요건이다. -《도덕의 계보》

• 고난의 훈련, 엄청난 고난의 훈련이야말로 지금까지 인간의 발전을 이끌어온 유일한 힘이라는 걸 몰랐나? 불행 속에서 영혼의 힘을 길러주는 그 긴장감, 큰 파멸에 직면한 그 몸부림, 고통을 견디고 지켜내고 해석하고 이용하는 그 창의력과 용기, 그리고 심오함, 비밀, 가면, 영(靈), 영민함, 위대함의 모든 것이 고통을 통해, 큰 고통의 훈련을 통해 부여된 것이 아니겠는가? -《선과 악을 넘어서》

• 좋은 아버지가 없다면 좋은 아버지를 만들어야 한다. -《즐거운 학문》

• 지식의 성자(聖者)가 될 수 없다면 지식의 전사(戰士)라도 되어라. 그러면 성자의 동반자이자 선구자가 된다. -《자라투스트라는 이렇게 말했다》

• 인쇄술, 기계, 기차, 전신의 발명은 천년에 걸쳐 펼쳐질 변화의 출발점이지만, 이 모든 것이 어떻게 끝날지 예측할 만큼 용감한 사람은 없다. -《인간적인, 너무나 인간적인》

• 모든 공격은 승리의 소리를 내기 때문에 먼저 공격하는 용기가 가장 위대한 정복자이다. -《자라투스트라는 이렇게 말했다》

• 영혼은 삶을 파고드는 삶 그 자체이다. 자신의 고통으로 자신의 지식을 늘려간다. 이미 알고 있었나? -《자라투스트라는 이렇게 말했다》

• 나는 원래 전사이다. -《이 사람을 보라》

• 사람은 위선적인 미덕이 필요하지 않은 상황만을 받아들여야 한다. 줄타기 곡예사가 줄 위에서 떨어지든지, 서 있든지, 아니면 탈출해야 하는 것처럼 말이다. -《우상의 황혼》

• 항상 자신을 많이 아끼는 사람은 결국 너무 많은 배려에 병들게 될 것이다. 단단해지는 것을 찬양하라! –《자라투스트라는 이렇게 말했다》

• 실제로 "옛 신이 죽었다"는 소식을 듣고 우리 철학자들과 '자유로운 영혼'들은 새로운 새벽이 밝아오는 것을 느낀다. 우리의 마음은 감사, 놀라움, 예감, 기대감으로 넘쳐난다. 지평선이 밝지는 않더라도 다시 맑아 보인다. 마침내 우리의 배는 다시 출항할 수 있을 것이다. 어떤 위험에도 직면할 수 있는 출항, 지식을 사랑하는 자의 모든 대담함이 다시 허용된다. 우리의 바다가 다시 열린다. 아마도 그렇게 활짝 열린 바다는 없었을 것이다. –《즐거운 학문》

• 숙달은 성취하는 과정에서 실수하지 않거나 주저하지 않을 때 도달할 수 있는 것이다. –《아침놀》

• 옛날 방식을 연구하는 사람이 더는 진보를 믿는 사람들과 어울리지 않기로 하면 이해할 수 있다. 오래된 문화에는 나름의 가치와 장점이 있지만, 그것은 과거의 것이다. 역사를 배우다 보면 오래된 것이 다시는 새로운 것이 될 수 없다는 것을 깨닫게 된다. –《인간적인, 너무나 인간적인》

• 나는 마음을 정말 빨리 바꾼다. 오늘은 어제 생각했던 것과 완전히 반대되는 생각을 한다. 인생에서 중요한 단계를 건너뛰며 앞서 나가려고 노력하는데, 내가 건너뛴 것들은 항상 나를 괴롭히러 되돌아온다. -《자라투스트라는 이렇게 말했다》

• 새로운 것은 언제나 악하다. 그것이 오래된 경계 표식과 오래된 경건함을 정복하고 전복(顚覆)시키려고 하기 때문이다. 오래된 것만이 선하다. 모든 시대의 선한 사람들은 오래된 생각을 깊이 파고들어 열매를 맺게 하는 사람들, 즉 정신의 농부들이다. 하지만 결국 모든 땅은 고갈되기 때문에, 악(惡)의 쟁기가 계속해서 다시 오는 것이다. —《즐거운 학문》

• 모든 재능은 싸움 속에서 발휘되어야 한다. —《우상의 황혼》

• 원하는 것을 자유롭게 생각하는 것은 건강을 유지하는 것과 비슷하지만, 둘 다 개인적인 문제이므로 어느 쪽에도 획일적인 규칙을 적용할 수는 없다. —《인간적인, 너무나 인간적인》

• 만약 당신이 여전히 어떤 방식으로든 자신에 대해 부끄러움을 느낀다면, 당신은 아직 우리 그룹의 일원이 될 준비가 되지 않은 것이다. —《즐거운 학문》

• 때때로 우리는 문제나 실수에 너무 지쳐서 문제를 해결하는 것을 아예 피할 수 있다. 이는 마치 샤워를 하기에는 너무 역겨워서 미루는 것과 같다. —《우상의 황혼》

• 나를 위해 새로운 멜로디를 불러다오. 세상이 변하고 온 하늘이 기쁨으로 가득 차 있다. ―《자라투스트라는 이렇게 말했다》

• 자라투스트라는 혼자 있을 때 이렇게 생각했다. "그럴 수가! 숲에 사는 늙은 성자가 아직 신이 죽었다는 소식을 듣지 못했다니!" ―《자라투스트라는 이렇게 말했다》

• 가장 강렬한 진실을 이해하거나 볼 수 있는 능력은 강력한 행동, 심지어 극단적이거나 부당한 행동을 취할 수 있는 능력과도 밀접한 관련이 있을 뿐만 아니라 실제로 그런 능력이 있어야 한다. ―《도덕의 계보》

• 깊이 있고 효과적으로 생각하는 사람은 종종 자신의 경험은 잊어버리지만, 그 경험에서 영감을 얻은 아이디어는 잊어버리지 않는다. ―《인간적인, 너무나 인간적인》

• 작가가 독자에게 이미 익숙한 내용만 제공하면 지루해진다! 독자들은 놀라움을 느끼지 못하거나 새로운 것을 배우지 못한다. 이러한 도전의 부재로 모든 이야기가 똑같이 느껴져 창의성을 억누른다. ―《자라투스트라는 이렇게 말했다》

238

• 절망하는 사람을 보면 누구나 용감해진다. -《자라투스트라는 이렇게 말했다》

• 선천적으로 차분하고 감정적이지 않은 사람은 무언가에 집착할 때에만 진정으로 열정을 가질 수 있다. -《인간적인, 너무나 인간적인》

• 진보가 이루어져야 하는 곳이라면 어디에서든지, 일탈하는 본성이 가장 중요하다. -《인간적인, 너무나 인간적인》

• 허물을 벗지 못하는 뱀은 죽어야 한다. 마찬가지로 자기 생각을 바꾸지 못하는 마음은 더는 마음이 아닌 것이다. -《자라투스트라는 이렇게 말했다》

• 사람이 이해력과 지혜를 키울수록 세상은 더 넓고 흥미롭게 보인다. 더 멀리 볼 수 있으면 항상 새로운 것을 발견할 수 있는 것처럼 말이다. -《선과 악을 넘어서》

• 오늘날에는 위험한 진실을 피하거나 대응하는 방법이 너무 많아서 아무도 위험한 진실을 배우다가 죽지 않는다. -《인간적인, 너무나 인간적인》

• 낮에 열 가지 진리를 찾아야 한다. 그렇지 않으면 밤에 진리를 찾게 되어 영혼이 곤핍해진다. ─《자라투스트라는 이렇게 말했다》

• 고귀한 계급도 처음엔 야만인 계급이었다. 그들의 우월성은 육체적 힘이 아니라 주로 정신적 능력에 있었다. 그래서 그들은 더 완전한 인간이 될 수 있었다. ─《자라투스트라는 이렇게 말했다》

• 이론의 매력 중 하나는 반박할 수 있다는 점이다. ─《선과 악을 넘어서》

• "내가 이 책에 반응하는 방식 때문에 이 책이 나쁘다고 느껴진다." 하지만 조금만 더 기다리면 마음속에 숨겨져 있던 문제를 드러내면서 이 책이 실제로 나에게 도움이 되었다는 것을 깨닫게 될지도 모른다. 신념을 바꾼다고 해서 그 사람의 성격이 바뀌는 것은 아니지만, 다른 신념을 가지고 있을 때는 보이지 않던 성격 일부가 드러날 수 있는 것이다. ─《인간적인, 너무나 인간적인》

• 항상 제자로만 남는다면, 스승에게 제대로 보답하는 것이 아니다. ─《자라투스트라는 이렇게 말했다》

• 가장 강력한 치료법은 무엇인가? 승리다! ─《도덕의 계보》

• 사람은 모순에 가득 찬 대가를 치러야만 열매를 맺을 수 있다. ─《우상의 황혼》

08

종교와 신

—종교의 위험한 본능 욕구는 고독, 단식, 금욕이다

니체는 종교, 특히 기독교에 대해 다소 어두운 견해를 가지고 있었다. 그의 가장 유명한 선언은 "신은 죽었다!"이다. 이 극적인 선언의 의미는 무엇이었을까?

니체에게 신은 문자 그대로 죽은 것이 아니었다. 그는 종교적 권위의 쇠퇴와 이성의 부상을 우리 삶에 대한 신의 절대적 권력의 '죽음'으로 보았던 것이다. 그는 사람들이 종교를 버팀목으로 삼아, 내세에 대한 약속과 더 높은 권력에 의해 규정된 도덕을 통해 위안과 의미를 얻는 삶을 살아왔다면서 이로 인해 인간의 삶이 약화되었다고 주장했다.

니체는 종교가 사람들로 하여금 이 세상에서의 도전과 기회를 받아들이기보다는 저승에서 위안을 찾으며 온순하고 수동적인 태도를 취하도록 부추긴다고 생각했다.

그는 이 '죽음'에서 해방될 수 있다고 믿었다. 종교적 도그마의 제약에서 벗어나 우리 자신의 가치를 창조하려면 삶의 고난을 두려워하지 않고 있는 그대로 받아들이는 자세가 바람직하다는 것이었다.

그의 핵심 메시지는 분명하다. 즉, 신의 계획이 펼쳐질 때까지 기다리지 말라는 것이다. 내가 먼저 적극적으로 삶을 받아들이고, 나만의 의미를 창조해 나가자는 것이다!

• 한 번에 최고점에 도달하려는 피로, 더는 아무것도 원하지 않는 피로감, 이것이 모든 신과 사후 세계를 창조한 원인이다. -《자라투스트라는 이렇게 말했다》

• 신은 죽었다. 신은 여전히 죽은 상태이다. 우리가 그를 죽였다. 살인자 중의 살인자인 우리가 어떻게 자신을 위로할 수 있겠는가? 세상의 모든 것 중에서 가장 거룩하고 가장 강력한 것이 우리의 칼에 맞아 피를 흘리며 죽었는데, 누가 이 피를 닦아줄 것인가? 우리를 씻어줄 물은 어디에 있는가? 어떤 속죄의 축제, 어떤 신성한 게임을 만들어야 하나? 이 행위의 위대함이 우리에게 너무 벅차지 않겠는가? 단순히 그럴듯하게 보이기 위해 우리 자신이 신이 되는 것은 어떨까? -《즐거운 학문》

• 인간에 대한 많은 것들은 그다지 신성하지 않다. 사람이 대변을 볼 때 어떻게 신이 될 수 있겠는가? 하지만 우리가 죄라고 부르는 다른 대변에 관해서는 훨씬 더 심각하다. 인간은 여전히 이것을 보유하고 배설하지 않기를 원한다. 그러나 이제는 사람이 신이 되어서도 여전히 대변을 볼 수 있다고 믿어야 한다. 그러므로 나는 여러분에게 대변을 배설하면서 신이 되라고 가르친다.
-《자라투스트라는 이렇게 말했다》

• 광신도들이 매혹적인 이유는 그들의 극단적인 열정이 시각적
으로 눈에 띄기 때문이다. 사람들은 이성적인 담론에 참여하기보
다는 극적인 행동을 목격하는 것을 선호한다. -《우상의 황혼》

• 생명에 대해 깊은 원한을 품고 있는 기독교는 성(性)을 불순물
로 오염시킨 최초의 종교이다. 우리 존재의 근원이자 근본적인
측면에 대해 불신을 불러일으켰기 때문이다. -《도덕의 계보》

• 우리는 기도만 하는 사람에서 축복하는 사람으로 바뀌어야 한
다. -《자라투스트라는 이렇게 말했다》

• 요즘 나는 신을 사랑하듯 나 자신을 사랑한다. 이제 누가 나를 죄인이라 비난할 수 있겠는가? 나는 내 신에 대한 죄만 인식하지만, 누가 내 신을 정말로 이해하겠는가? –《자라투스트라는 이렇게 말했다》

• 어떻게 하나님이 "예수 그리스도의 십자가 처형을 허락하실 수 있느냐?"는 터무니없는 문제가 수면 위로 떠올랐다. 이 작은 공동체의 미친 이성(理性)은 무서울 정도로 터무니없는 답을 찾아냈다. 그건 하나님이 인류 죄사함을 위해 그의 아들을 희생 제물로 주셨다는 것이다. 죄에 대한 희생, 그리고 가장 혐오스럽고 야만적인 형태, 즉 죄인의 죄를 위해 무죄한 자를 희생시키는 희생! 이 얼마나 끔찍할 정도로 이교도적이란 말인가! –《안티크리스트》

• 기독교는 사형집행자의 철학으로 설명된다. 죄책감이 가장 강하고 깊은 곳이기 때문이다. 죄 없는 사람이 죄인을 위해 고통을 받는다는 생각, 스스로 사형집행인 역할을 하는 신, 최악의 고통과 굴욕을 상징하는 십자가, 궁극적인 형벌과 복수로서 영원한 지옥이라는 관념 등, 이 모든 사상이 연결되어 한 가지, 즉 억압받는 사람들을 위한 종교를 형성한다. 억압받는 자들을 위한 종교로서의 기독교는 사형집행자의 철학에 의존한다. –《도덕의 계보》

• 순교자의 제자들은 순교자보다 더 큰 고통을 겪는다. -《인간적인, 너무나 인간적인》

• 믿음은 실제로 산을 움직이지는 않지만, 이전에 없던 곳에 산을 일으켜 세운다. -《인간적인, 너무나 인간적인》

• 기독교는 에로스(사랑의 개념)에게 독을 제공했다. 에로스는 이로 인해 죽지 않았지만 대신 악덕으로 변했다. -《선과 악을 넘어서》

• 이 세상에는 상상 속의 존재에게 사랑과 선을 베풀 수 있을 만큼 충분한 사랑과 선이 존재하지 않는다. -《인간적인, 너무나 인간적인》

• 종교적 잔인함이라는 큰 사다리가 있는데, 그 사다리의 많은 발판 중 가장 중요한 것은 세 가지다. 사람들은 신에게 인간 제물을 바치곤 했는데, 심지어 가장 사랑하는 사람을 희생시키기도 했다. …그 뒤 인류의 도덕적 시대에 사람들은 자신이 가진 가장 강한 본능(instinct)인 '인성(nature)'을 신에게 바쳤다. … 마지막으로 희생해야 할 것은 무엇인가? … 사람들은 자신에게 가해지는 순수한 잔인함 때문에 신마저도 희생시키고 돌, 무지, 중력, 운명 또는 무(無)를 숭배해야 했던 것이 아닐까? -《선악의 저편》

• 신이 여러 면에서 우리 인간에게서 배울 점이 있다고 생각하는 것이 합리적일 때가 많다. 우리 인간이 더 동정심이 많고 인간적인 경향이 있기 때문이다. −《인간적인, 너무나 인간적인》

• 기독교 신앙은 처음부터 모든 자유, 모든 자존심, 모든 정신의 자신감을 희생하는 것이며, 동시에 복종, 자기 경멸, 자기 절제이다. −《선과 악을 넘어서》

• 사실 기독교인은 단 한 명뿐이었는데 그는 십자가에서 죽었다. −《안티크리스트》

• '천국'은 마음의 상태를 의미하며, '땅 위에' 혹은 '사후(死後)'에 오는 것이 아니다. 그것은 자신과 세상과 평화롭게 지내는 상태를 의미한다. 그것은 기쁨, 사랑, 자비의 상태이며, 완전히 살아 있는 상태를 의미한다. ―《인간적인, 너무나 인간적인》

• 성자가 되는 것을 경계해야 한다. 성자가 되자마자 기적을 일으키기 시작하면 동료에 대한 배려가 부족해지기 때문이다. ―《자라투스트라는 이렇게 말했다》

• 열두 사도 중에는 항상 돌처럼 단단한 사람이 있어야 한다. 그래야 그 위에 새로운 교회를 세울 수 있다. ―《자라투스트라는 이렇게 말했다》

• 신에게 가장 정직하지 못한 사람은 죄를 짓지 않는 사람이다. ―《자라투스트라는 이렇게 말했다》

• 일상생활이 너무 공허하고 단조롭게 느껴지는 사람들은 쉽게 종교에 빠져든다. 이것은 이해할 수 있고 용서할 수 있다. 하지만 그들은 일상생활이 공허하지 않고, 단조롭지도 않은 사람들에게 종교적 감정을 요구할 권리가 없다. ―《인간적인, 너무나 인간적인》

• 기독교 교회는 타락으로 인해 모든 가치를 무가치한 것으로, 모든 진리를 거짓으로 바꾸어 놓았다. -《안티크리스트》

• 교육에 대한 관심은 신과 그의 보살핌에 대한 믿음이 포기되는 순간에만 큰 힘을 얻는다. 이는 기적적인 치료에 대한 믿음이 중단되었을 때에만 치유의 기술이 발전할 수 있는 것과 마찬가지이다. -《인간적인, 너무나 인간적인》

• 기독교는 절망에 몰릴 수 있는 사람들을 모조리 찾아내려는 사냥꾼의 본능을 가지고 있다. 비록 인류의 일부만이 그러한 절망에 빠질 수 있지만 말이다. 기독교는 그런 사람들을 찾아내어 쫓아간다. -《즐거운 학문》

• 나를 매일매일 견디게 해주는 말을 소개하고자 한다. "나를 죽이지 못하는 것이 나를 더욱 강하게 만들어 준다. 주님은 나의 목자이시기에 나는 아무것도 두렵지 않다!"-《우상의 황혼》

• 지구상 어디에서든 종교적 신경증이 나타날 때마다 우리는 세 가지 위험한 본능 욕구와 연관되어 있음을 알게 된다 : 고독, 단식, 금욕. -《선과 악을 넘어서》

• 무조건적인 '믿음'은 과학에 대한 거부권, 즉 어떤 대가를 치르더라도 거짓말을 하겠다는 의미이다. −《우상의 황혼》

• 기독교와 불교에서 가장 낮은 자들에게도 경건함을 통해 겉보기에 더 높은 경지로 자신을 끌어올리도록 가르치고, 그로 인해 살기 어려운 현실 세계에 대한 만족감을 유지하도록 하는 그들의 기술만큼 존경할 만한 것은 없다. 이러한 기술은 필요해 보인다. −《선과 악을 넘어서》

• 사제는 다른 사람들과 마찬가지로 '신', '죄인', '구세주'가 더 이상 존재하지 않는다는 것을 이해한다. 그는 '자유 의지'와 세상의 '도덕적 질서'라는 개념이 사실이 아니라는 것을 알고 있다. 깊은 사고와 자신에 대한 깊은 이해는 누구도 이것을 모르는 것처럼 행동할 수 없게 만든다. −《안티크리스트》

• 하늘나라는 지루할 것이다. 하늘나라에는 재미있는 사람들이 하나도 없기 때문이다. −《인간적인, 너무나 인간적인》

• 모든 편견은 내장(內臟)까지 거슬러 올라갈 수 있다. 앉아 지내는 삶은 성령에 대한 진정한 죄이다. −《자라투스트라는 이렇게 말했다》

• 내 안에는 종교의 창시자로서의 면모는 없다. 종교는 민중의 일이다. 나는 종교인들과 접촉한 뒤에는 손을 씻어야 할 필요성을 느낀다. -《자라투스트라는 이렇게 말했다》

• 사원을 세우려면 사원을 파괴해야 한다. -《도덕의 계보》

• 기독교는 본질에서 건강한 사람과 사물을 싫어하는 것 같다. 마치 강하고, 자랑스럽고, 아름다운 사람을 보는 것을 참지 못하는 병든 사람 같다. -《안티크리스트》

• 종교 전쟁은 지금까지 대중의 가장 큰 발전을 의미했는데, 이는 대중이 개념을 존중하기 시작했다는 것을 증명하기 때문이다. -《도덕의 계보》

• 믿기보다 관찰하는 경향이 있는 사람은 모든 신자들이 너무 시끄럽고 공격적이라고 생각하여 멀리하려고 할 것이다. -《자라투스트라는 이렇게 말했다》

• 전쟁터에서만 당신은 신성하다. 도둑질하고 잔인할 때가 그렇다. -《자라투스트라는 이렇게 말했다》

• 지적 무결성에 대한 기대가 아무리 높다고 해도 《신약성경》을 접할 때 깊은 불편함을 피할 수는 없다. 이러한 불편함은 가장 유능하지 않은 사람들이 가장 중요한 문제에 대해 말하고, 심지어 이러한 문제에 대한 판단자 역할을 자처하는 뻔뻔스러운 대담함에서 비롯된다. 생명, 우주, 신, 삶의 목적과 같은 가장 복잡한 문제들을 마치 자기 확신에 찬 열광주의자들이 충분히 이해할 수 있는 사소한 문제인 것처럼 이야기하는 그들의 명백한 부주의는 놀랍기만 하다. -《권력에의 의지》

• 기독교인들이 더욱 구원받는 모습을 보인다면 나도 구세주를 믿을 것이다. -《안티크리스트》

• 창조자는 동료를 찾는 것이지, 시체나 무리, 신자들을 찾는 것이 아니다. 창조자는 새로운 가치를 새로운 판에 새기는 동료 창조자를 찾는다. 창조자는 동료를 찾고, 수확을 함께할 사람을 찾는다. 왜냐하면, 그의 모든 것이 수확할 준비가 되어 있기 때문이다. –《자라투스트라는 이렇게 말했다》

• '영혼', '영', 그리고 '불멸의 영혼'이라는 개념은 신체를 경멸하기 위해, 신체를 병들게 하려고, '거룩한' 것으로 만들기 위해, 진지하게 대해야 할 삶의 모든 것에 대해 끔찍하게 무시하는 태도를 기르기 위해 발명된 개념이다. –《이 사람을 보라》

• 어느 것이 사실일까? 사람은 신의 실수일까? 아니면 신은 사람의 실수일까? –《안티크리스트》

• 당신은 유대인을 그렇게 싫어하면서 왜 그들의 종교를 받아들였나? –《도덕의 계보》

• 간단히 말해서 종교적 컬트는 인간과 인간 사이의 마법의 재현에 기반을 두고 있으며, 마법사는 성직자보다 더 오래되었다. –《우상의 황혼》

• 신은 죽었지만, 인간이 처한 상태를 고려할 때 아마도 오랫동안 동굴에서 그의 그림자를 볼 수 있을 것이다. 우리는 그 그림자마저 정복해야 한다. ―《즐거운 학문》

• 성생활에 대한 모든 경멸, "불결하다"는 개념에 따른 모든 비하는 생명에 대한, 성령에 대한 본질적인 범죄이다. ―《이 사람을 보라》

• 당신의 추측이 당신의 창조적 의지를 넘어서지 않기를 바란다. 신을 창조할 수 있는가? 그렇다면 어떤 신에 대해서도 내게 말하지 말라. ―《자라투스트라는 이렇게 말했다》

• 죄는 교회를 기반으로 조직된 모든 사회에 없어서는 안 될 필수 요소이며, 유일하게 믿을 수 있는 권력의 무기이다. 성직자는 죄를 먹고 산다. 그에겐 사람들이 죄를 짓는 것이 필수 요소이다. ―《안티크리스트》

• 하나님의 왕국은 기다린다고 해서 오지 않는다. 하나님의 왕국엔 어제도 내일도 없고, 천년 뒤에 오는 것도 아니다. 하나님의 왕국은 내 마음속, 그리고 모든 곳에 존재하는 것이지 특정 시기와 장소에 존재하는 것이 아니다. ―《즐거운 학문》

• 무정부주의자와 기독교인은 뿌리가 같다. -《우상의 황혼》

• 기독교적 동정이라는 질병보다 더 병적인 것은 없다. -《안티크리스트》

• 미덕은 어떤 상황에서는 명예로운 어리석음의 한 형태일 뿐이니, 그런 이유로 미덕을 싫어할 사람이 어디 있겠는가? 이런 종류의 미덕은 오늘날에도 사라지지 않았다. 모든 사회 계층에서 찾아볼 수 있고, 존경받고 미소로 맞이하는 강력하고 단순한 믿음은 여전히 모든 것이 '신의 손'에 의해 통제된다고 믿는다. 이 믿음은 '2+2=4'라는 사실만큼이나 확고하게 자리 잡고 있는데, 다른 생각을 가진 사람들은 대개 이에 반박하지 않는다. 왜 그런 순수한 무지를 간섭해야 할까? 인간성, 사회, 목표 또는 미래에 대한 우려로 부담을 줄 필요가 있을까? 우리가 그것에 도전하고 싶다 하더라도 우리는 그렇게 할 수 없을 것이다. 그들은 사물의 중심에 자신들의 고결한 어리석음과 선함을 투영한다(고대의 신, 눈먼 신은 여전히 그들 사이에 살아 있다!). 그들과 다른 우리는 사물의 중심에서 다른 것을 읽는다. 우리 자신의 수수께끼 같은 본성, 우리의 모순, 더 깊고 더 고통스럽고 더 의심스러운 지혜를 말이다.
-《권력에의 의지》

• 소수의 위선자와 다소 정신이 나간 사람들은 자신들을 위해 자연의 법칙이 종종 깨진다고 생각한다. 이기심이 끝없이 극에 달하고 대담해지는 것은 많은 경멸을 받아 마땅하다. 하지만 기독교는 사람들의 자아에 아첨하는 이 슬픈 방식 때문에 성공할 수 있었다. -《우상의 황혼》

• "신은 지혜로운 사람 없이는 존재할 수 없다"는 루터의 말은 옳았다. 그러나 그는 "신은 지혜롭지 못한 인간 없이는 존재할 수 없다"는 말은 하지 않았다. -《우상의 황혼》

• 기독교는 독창적인 위로의 보물창고라고 불릴 만한데, 그 안에는 상쾌하고, 달래주고, 무감각하게 해주는 약들이 많이 축적되어 있기 때문이다. -《도덕의 계보》

• 나는 논리적 사고나 인생의 특정 사건 때문에 무신론자가 된 것이 아니라 자연스러운 본능에 따라 무신론자가 되었다. -《이 사람을 보라》

• 기독교 신앙은 우리에게 살아갈 힘을 주지만, 죽을 힘도 준다. -《안티크리스트》

09

진리와 지혜
– 절대적인 진실이 없듯이 영원한 사실도 없다

니체는 진리와 지혜에 대한 전통적인 관념에 도전했다. 그는 진리가 존재하지 않는다는 것이 아니라 절대적이고 객관적인 진리에 대한 집착이 오해를 불러일으킬 수 있다고 말했다.

진리를 도구라고 상상해 보자. 어떤 사람에게는 진리가 안전한 기초(논리와 이성)를 세우는 데 완벽한 망치일 수 있다. 하지만 조각가에게는 망치 이상의 것이 필요하다. 끌, 망치, 심지어는 맨손으로 흙을 빚어내는 경험이 필요하다. 니체에게 진리는 이러한 도구 상자와 같은 것이다. 우리는 무엇을 창조(이해)하려고 하느냐에 따라 다른 도구(관점)를 사용해야 한다는 것이다.

그렇다면 지혜는? 니체는 지혜란 모든 답을 아는 것이 아니라 어떤 도구를 언제 사용할지 아는 것이라고 말했다. 지혜로운 사람은 절대적인 진리를 맹목적으로 추구하지 않는다. 어떤 진리는 어떤 상황에서는 도움이 될 수 있지만 다른 상황에서는 그렇지 않을 수 있다. 그저 각자의 경험과 감정을 바탕으로 업무에 적합한 도구를 선택할 뿐이다.

요컨대 니체는 진리는 주관적이며 우리의 경험에 의해 형성된다고 주장했다. 지혜는 하나의 절대적인 진리에 집착하지 않으면서 이러한 진리를 활용하는 데 있다. 지혜는 정답이 없는 세상에서 우리만의 의미를 창조하는 것이다.

• 보라, 나는 내 지혜에 지쳤다. 꿀을 너무 많이 모은 꿀벌처럼 : 나는 그것을 받을 손이 필요하다. ―《자라투스트라는 이렇게 말했다》

• 금이 가장 귀한 대접을 받는 이유는 무엇일까? 그것은 바로 희귀성과 아름다움, 은은하게 반짝이는 광채로 항상 자신을 아낌없이 드러내기 때문이다. 금은 가장 높은 미덕의 상징으로서만 최고의 가치로 인정받는다. 베푸는 사람의 시선은 황금처럼 빛난다. 황금빛 광채는 달과 태양의 조화를 가져온다. 가장 고귀한 미덕은 희귀하고 쓸모없어 보이지만 그 광채는 은은하다. 베푸는 미덕은 가장 높은 미덕이다. ―《자라투스트라는 이렇게 말했다》

• 가장 고요한 말이 폭풍을 불러일으킨다. ―《이 사람을 보라》

• 때로는 어떤 사물의 진실을 보는 것보다 그 사물에 접근하는 것이 더 어려울 때가 있다. -《시대에 맞지 않는 고찰》

• 철학적 체계는 전적으로 그 철학의 창시자에게만 진실이다. -《그리스 비극 시대의 철학》

• 진실을 진실로써 섬기는 사람은 드물다. 정의롭게 살겠다는 순수한 의지를 가진 사람이 드물고, 그런 의지를 가진 사람 중에서도 정의롭게 살 힘을 가진 사람은 더욱더 드물기 때문이다. -《선과 악을 넘어서》

• 사고(思考)의 심오함은 젊음에 속한 것이고, 사고의 명료함은 노년에 속한 것이다. -《인간적인, 너무나 인간적인》

• 약속을 지키기 위해서는 좋은 기억력이 필요하다. 공감을 느끼려면 상상력이 풍부해야 한다. 이는 도덕성이 지성의 힘과 얼마나 밀접하게 연관되어 있는지를 보여주는 것이다. -《우상의 황혼》

• 진실한 사람은 결국 자신이 항상 거짓말을 한다는 것을 깨닫는다. -《인간적인, 너무나 인간적인》

• 지식을 얻기 위한 여정에서 극복해야 할 도전과 장애물이 없었다면 지식의 매력은 그다지 크지 않았을 것이다. -《선과 악을 넘어서》

• 친구와 함께하되 어느 정도 거리를 유지하라. 친한 친구라도 의견이나 행동 방식이 다를 수 있다는 점을 기억하라. -《자라투스트라는 이렇게 말했다》

• 처음에 무언가를 반복하는 것은 그것을 확립하고 균형을 잡는데 도움이 된다. 진리는 한 다리로 움직일 수 있지만, 두 다리가 있으면 더 멀리 나아갈 수 있다. -《인간적인, 너무나 인간적인》

• 훌륭한 사람들과 함께 있다는 것을 알면 오만함을 버리게 된다. 혼자 있는 것은 자만심을 키운다. 젊은이들이 오만한 이유는 자신과 같은 또래, 즉 실제로는 아무것도 아니지만 매우 중요한 사람이 되고 싶어 하는 사람들과 어울리기 때문이다. -《인간적인, 너무나 인간적인》

• 적극적이고 성공적인 사람은 "너 자신을 알라"는 격언에 따라 행동하는 것이 아니라, "너 자신이 되라"는 계명에 따라 행동한다. -《자라투스트라는 이렇게 말했다》

• 절대적인 진실이 없듯이 영원한 사실도 없다. -《인간적인, 너무 나 인간적인》

• 진리를 찾는다는 것은 끊임없는 투쟁이며, 우리가 소중히 여기는 거의 모든 것, 우리가 사랑하고 신뢰하는 모든 것을 포기하는 것을 의미한다. 진리를 위해 봉사하는 것은 가장 어려운 일이기 때문에 강한 인격이 요구된다. 영적인 문제에서 진실성을 갖는다는 것은 자신의 마음에 엄격해지는 것을 의미한다. …모든 결정, 즉 모든 '예' 또는 '아니오'를 도덕적인 선택으로 간주하는 것을 의미한다. -《안티크리스트》

• 행복은 신기루이다. 행복을 갈망하지 않는 것이 불행해지지 않는 유일한 방법이다. -《자라투스트라는 이렇게 말했다》

• 진실에 대한 믿음은 우리가 한때 믿었던 모든 '진실'을 의심하는 데서 시작된다. -《이 사람을 보라》

• 어떤 어머니는 행복한 자녀가 필요하고 어떤 어머니는 불행한 자녀가 필요한데, 그렇지 않으면 모성의 미덕을 증명할 수 없기 때문이다. -《인간적인, 너무나 인간적인》

• 진실이 더러워졌을 때가 아니라 얕을 때, 지식을 사랑하는 사람은 그 속으로 발을 들여놓기를 꺼린다. -《인간적인, 너무나 인간적인》

• 사랑으로 이루어진 일은 항상 선과 악을 초월한다. -《선과 악을 넘어서》

• 사물을 아는 것 이상으로 많은 것을 기대하지 않는 사람은 내면에서 쉽게 평화를 찾을 수 있다. -《인간적인, 너무나 인간적인》

• 논리만큼 민주적인 것은 없다. 논리는 사람을 차별하지 않으며, 비뚤어진 코와 곧은 코를 구분하지 않는다. -《즐거운 학문》

• 사물이 아니라 사물에 대한 의견이 인류를 그토록 혼란스럽게 만들었다. -《아침놀》

• 진리의 산을 헛되이 오른다는 말은 없다. -《자라투스트라는 이렇게 말했다》

• 지혜의 성장은 나쁜 성질이 줄어드는 것으로 알 수 있다. -《인간적인, 너무나 인간적인》

• 신념은 거짓말보다 진실을 찾는 데 더 큰 장애물이 될 수 있다. 지혜는 우리에게 용감하고 침착하며 유쾌하고 강인한 사람이 되라고 격려한다. 지혜는 여성과 같아서 전사(戰士)를 가장 소중히 여긴다. -《자라투스트라는 이렇게 말했다》

• 진실은 추악하다. 진실 때문에 멸망하지 않기 위해 예술이란 것이 존재하는 것이다. -《자라투스트라는 이렇게 말했다》

• 어떤 것을 깊이 이해하는 사람이 그것에 영원히 충실한 경우가 거의 없다. 왜냐하면 그것을 빛으로 끌어내기 때문인데, 깊은 곳에선 보기에 불쾌한 것이 많기 때문이다. -《인간적인, 너무나 인간적인》

• 증명해야 할 필요가 있는 것은 그다지 가치가 없다. -《자라투스
트라는 이렇게 말했다》

• 반대, 회피, 즐거운 불신, 아이러니에 대한 사랑은 건강의 신호
이며 절대적인 것은 모두 병에 속한다. -《선악의 저편》

• 말은 사물 간의 관계, 사물과 우리와의 관계를 나타내는 기호
에 불과할 뿐, 절대적인 진실에는 결코 도달하지 못한다. -《그리
스 비극 시대의 철학》

• 아리스토텔레스에 따르면, 혼자서 살기 위해서는 짐승이거나
신 같은 존재가 되어야 한다고 한다. 세 번째 가능성을 고려하지
않는다면 철학자는 두 가지 모두에 해당하여야 한다. -《자라투스
트라는 이렇게 말했다》

• 신념(확신)은 거짓보다 더 위험한 진실의 적이다. -《인간적인, 너
무나 인간적인》

• 침묵은 더 나쁘다. 침묵하는 모든 진실은 독이 되기 때문이다.
-《자라투스트라는 이렇게 말했다》

• 속임수, 원하는 것을 얻기 위해 듣기 좋은 말을 하기, 진실을 말하지 않기, 다른 사람을 속이기, 험담하기, 자신이 아닌 척하기, 실제보다 더 화려한 척하기, 진정한 자아를 숨기기, 기대에 부응하기, 다른 사람들과 자신 앞에서 다르게 행동하기 ─ 간단히 말해서, 실제가 아니더라도 좋게 보이고 인상적으로 보이기 위해 끊임없이 노력하는 것은 많은 사람들이 너무 자주 하는 일이어서 그들 사이에서는 일종의 일반적인 규칙과도 같다. 따라서 인간에게 정직과 진실에 대한 진지한 욕구가 어떻게 발전할 수 있었는지 이해하기 어렵다. ─《비도덕적 의미에서의 진실과 거짓》

• 진리는 우리에게 주어지는 것이 아니라 우리가 스스로 창조해야 한다. ─《즐거운 학문》

• 눈은 다양하다. 심지어 스핑크스도 자신만의 눈이 있다. 따라서 진실은 다양하지 않을 수 없고, 그로 인해 뭐가 진실이라 말할 수 없는 것이다. ─《자라투스트라는 이렇게 말했다》

• 청소년을 타락시키는 가장 확실한 방법은 자신과 다른 생각을 하는 사람보다 자신과 같은 생각을 하는 사람을 더 높이 평가하도록 가르치는 것이다. ─《아침놀》

• 진실은 쓴 약이다. 그것을 꿀처럼 삼킨다는 사람은 거짓말쟁이이다. –《인간적인, 너무나 인간적인》

• '왜'를 이해하면 '어떻게'는 무한히 감내할 수 있다. –《도덕의 계보》

• 많은 사람의 동의를 얻고자 하는 잘못된 판단은 피해야 한다. 주변 사람들이 모두 '좋다'라고 말하면 그 가치를 잃게 된다. 그리고 '공공의 선'이라는 것이 어떻게 있을 수 있단 말인가! 그런 말은 자체 모순이다. 무엇이든 공통될 수 있는 것은 항상 가치가 작다. 위대한 자에게는 위대한 것이, 심오한 자에게는 심연이, 세련

된 자에게는 뉘앙스와 전율이, 그리고 간단히 말해서 희귀한 자에게는 희귀한 모든 것이 남는다는 진실이 지금까지 유지되어왔고 앞으로도 그럴 것이다. ─《선과 악을 넘어서》

• 사실 우리는 모두 속고 있다. 속이는 사람과 속는 사람 모두 같은 처지에 있다. ─《인간적인, 너무나 인간적인》

• 인간은 역사 속에서 절대적으로 필요한 것으로 여겼던 것이 실제로는 철처럼 단단하지도, 필수적이지도 않다고 인식하게 되었다. ─《인간적인, 너무나 인간적인》

• 젊은이들은 진실이든 거짓이든 흥미롭고 기묘한 것을 좋아한다. 보다 성숙한 지성인은 진리에 대한 흥미롭고 기이한 것을 좋아한다. 진리가 평범한 사람에게는 평범하고 단순하고 지루해 보일지라도 완전히 성숙한 지성인은 진리를 사랑한다. 진리는 단순함을 가장하여 최고의 지혜를 드러내는 경향이 있다는 것을 알기 때문이다. ─《인간적인, 너무나 인간적인》

• 금이라 해서 모두 번쩍이지 않는다. 가장 고귀한 금속에는 부드러운 광채가 깃들어 있다. ─《자라투스트라는 이렇게 말했다》

• 여자에게는 두 가지 덕목이 있다 : 아름다움과 지혜. 지혜는 여성의 아름다움을 완성하고, 아름다움은 여성의 지혜를 감춘다.
–《자라투스트라는 이렇게 말했다》

• 지식보다 더 달콤한 꿀은 없다. –《인간적인, 너무나 인간적인》

• 유럽의 도덕성을 멀리서 한 번 엿보기 위해선, 그것을 다른 이전 또는 미래의 도덕성과 비교하기 위해선, 도시의 탑 높이를 알고 싶어 하는 여행자처럼 도시를 떠나야 한다.
–《즐거운 학문》

• 진실이란 무엇인가? 그것은 과장되고 화려한 언어로 꾸며진 은유, 비교, 인간적인 묘사의 모음이다. 시간이 지나면서 이러한 설명은 우리에게 너무 익숙해져서 절대적이고 변하지 않는 사실로 여겨지기 시작한다. 그것은 원래의 영향력을 잃은 남용된 은유와 같다. –《비도덕적 의미에서의 진실과 거짓》

• 지식을 습득하기 위해서는 우리를 무언가로 끌어당기는 내면의 힘, 그리고 시간이 지나면 우리를 그것에게서 멀어지게 하는 힘을 이해해야 한다. –《인간적인, 너무나 인간적인》

• 진리에 대한 사랑은 하늘과 땅에서도 보상을 받는다. -《선과 악을 넘어서》

• 인간은 많은 오해를 품고 사는 경향이 있다. 세상을 진정으로 이해하고 싶다면 고통스러울 수도 있다. 자신이 알고 있다고 생각했던 모든 것을 거부해야 할 수도 있고, 현재의 가치관이 무의미하다는 것을 깨달을 수도 있고, 심지어는 성취나 행복을 느끼게 하는 것들을 싫어할 수도 있다. -《인간적인, 너무나 인간적인》

• 헤라클레이토스(Heraclitus)는 논리적 지식이 아니라 진리를 직관적으로 파악하는 것에 자부심을 느꼈다. -《그리스 비극 시대의 철학》

• 개념을 구성할 때 우리는 똑같은 것은 하나도 없다는 사실을 간과한다. 나뭇잎이라는 개념은 존재하지 않고 수십억, 수백억 개의 나뭇잎만 존재할 뿐이다. -《우상의 황혼》

• 헤라클레이토스(Heraclitus)는 그 자신만이 파악한 진리에 대한 확신에서 비롯된 가장 높은 형태의 자부심을 품었다. 그는 이 형태를 과도하게 발전시켜 자신을 자신의 진리와 무의식적으로 동일시함으로써 숭고한 열정으로 이끌었다. -플라톤 이전의 철학자들

• 모든 말은 편견적이다. -《인간적인, 너무나 인간적인》

• 바다 한가운데에서 갈증으로 죽는 것은 참으로 끔찍한 일이다. 당신의 진실을 너무 짜게 만들어서, 더 이상 목마름을 달래지도 못하게 해야만 하는 건가?-《즐거운 학문》

• 오, 볼테르, 인간은 참 어리석구나! 진리 자체는 물론 진리를 찾는 행위조차도 까다로울 수 있다. 누군가 좋은 일을 하기 위해서만 진실을 찾는다면 그다지 많은 것을 찾지 못할 것이다! 진실을 찾는 데 있어 좀 더 열린 마음을 가져야 한다. -《선과 악을 넘어서》

• 잘 보지 못하는 사람은 항상 볼 수 있는 것보다 적게 보고, 잘 듣지 못하는 사람은 항상 들을 수 있는 것보다 더 많은 것을 듣는다. -《인간적인, 너무나 인간적인》

• 신념은 어떤 종족의 보존을 위해 필요한 것일지라도 진실과는 아무런 관련이 없다. 판결의 오류가 있다고 해서 반드시 판결에 이의를 제기할 필요는 없다. 문제는 어느 정도까지 생명을 증진하고, 생명을 보존하고, 종을 보존하고, 심지어 종을 배양하느냐 하는 것이다. 비진리를 삶의 조건으로 인정한다는 것은 분명 익숙한 가치관에 위험한 방식으로 저항하는 것을 의미하며, 이러한 위험을 감수하는 철학은 그 자체로 선과 악을 넘어서는 것이라 할 수 있다. -《선과 악을 넘어서》

• 자신의 이상(理想)에 이르는 길을 찾는 방법을 모르는 사람은 이상이 없는 사람보다 더 경솔하고 뻔뻔하게 산다. -《선과 악을 넘어서》

• 한 시대가 악하다고 여기는 것은 대개 이전에는 선하다고 여겨졌던 것의 때늦은 메아리이다. 오래된 이상의 퇴행인 것이다. -《선악을 넘어서》

• 악마를 내쫓을 땐 우리 자신의 가장 좋은 부분마저 내쫓지 않도록 주의해야 한다. ―《자라투스트라는 이렇게 말했다》

• 우리는 사물, 모양, 원인과 결과, 움직임, 심지어 사물이 무엇으로 만들어지고(형태) 무엇을 의미하는지(내용)를 가정함으로써 이치에 맞는 세상을 만들어 왔다. 이러한 기본 개념을 믿지 않는다면 삶은 감당하기 어려울 정도로 혼란스러울 것이다. 하지만 우리가 살아가는 데 도움이 된다고 해서 그것이 절대적인 진리라는 의미는 아니다. 어쩌면 우리가 세상을 이해하는 방식에는 오류의 여지가 있을 수도 있다. ―《즐거운 학문》

• 누군가 말했다. "나는 어린 시절부터 스스로에 대해 편견을 가지고 있었다. 그래서 나는 모든 비난에는 약간의 진실이 있고, 모든 칭찬에는 약간의 어리석음이 있다는 것을 알았다. 나는 일반적으로 칭찬을 너무 낮게 평가하고 비난을 너무 높게 평가한다." ―《즐거운 학문》

• 삶에 대한 최종 판단은 긍정적이든 부정적이든 결코 옳다고 할 수 없다. 그것은 특정 조건이나 관점을 나타내는 지표로서만 가치가 있다. 이러한 판단은 그 자체로 어리석은 일이다. ―《우상의 황혼》

• 어리석음을 경험하지 않은 자는 현명하지 못하다. ─《선과 악을 넘어서》

• 철학자들은 마치 신성한 논리의 인도를 받는 것처럼 신중하고 편견 없는 사고를 통해 진정한 신념을 발견한다고 주장하곤 한다. 하지만 실제로 그들의 생각은 대개 추측이나 감정, 즉 자신이 강하게 느끼는 것에서 시작된다. 그런 다음 진실을 찾는 데 매우 진지한 척하지만 이미 결정을 내린 뒤에는 이러한 생각을 뒷받침할 이유를 찾는다. ─《선악을 넘어서》

• 지혜는 어쩌면 썩은 고기 냄새에 영감을 받은 까마귀처럼 지상에 나타나는 것이 아닐까? ─《자라투스트라는 이렇게 말했다》

• 우리는 진리가 무엇인지 알지 못한다. 우리가 가진 것은 진리에 대한 환상일 뿐이다. ─《인간적인, 너무나 인간적인》

• 예술적 자극에 반응하는 사람은 철학자가 존재의 현실에 반응하는 것처럼 꿈의 현실에 반응한다. 그는 자세히 관찰하며, 그 관찰을 즐긴다. 이러한 이미지들로부터 삶을 해석하고, 이러한 과정을 통해 삶을 훈련하기 때문이다. ─《비극의 탄생》

• 가장 짧은 길은 가장 직선적인 길이 아니라 가장 유리한 바람이 우리의 돛을 부풀려 주는 길이다. 이것이 항해자들이 가르쳐 주는 교훈이다. 이 교훈을 따르지 않는 것은 고집스러운 것이며, 여기서 성격의 확고함은 어리석음이 얼룩진 것이다. -《자라투스트라는 이렇게 말했다》

• 진실은 우리가 믿고 싶어 하는 것이 아니라 우리가 증명할 수 있는 것이다. 설득력은 진실과는 별개의 문제이며, 진실이 아닌 것도 설득력 있게 말할 수 있다. -《선과 악을 넘어서》

• 자연과학자나 그들과 같은 생각을 하는 사람들처럼, 원인이 반드시 결과로 이어진다는 단순한 이해로 대상을 판단하면 안 된다. 이는 '원인'과 '결과'를 실제 존재하는 것으로 잘못 취급하는 우를 범하게 한다. '원인'과 '결과'는 사물이 어떻게 일어나는지에 대한 실제 설명이 아니다. 우리가 이야기하고 생각하는 데 도움이 되는 단순한 아이디어나 만들어진 용어일 뿐이라고 생각해야 한다. -《선과 악을 넘어서》

• 우리는 진리를 발견하지 못한다. 진리가 우리를 발견한다. -《선과 악을 넘어서》

• 고도의 문명은 피라미드와 같다. 그것은 넓은 기반 위에서만 지탱할 수 있으며, 그 일차적인 전제 조건은 강하고 견고하게 통합된 평범함이다. –《자라투스트라는 이렇게 말했다》

• 진심인가? 아니면 그냥 가식인가? 당신은 자신을 위해 말하고 있는 것인가, 아니면 다른 사람들이 기대하는 것을 보여주고 있는 것인가? 결국, 당신은 다른 사람의 행동을 따라 하는 건 아닐까? 이것은 스스로 물어봐야 할 또 다른 중요한 질문이다. –《우상의 황혼》

• 객관성과 정의는 서로 아무런 관련이 없다. –《시대에 맞지 않는 고찰》

• 진리는 없다. 오직 해석만이 존재할 뿐이다. -《이 사람을 보라》

• 장기간에 걸쳐서 보면 지성은 오류만 생산했을 뿐이다. 그중 일부는 유용한 것으로 밝혀져 종(種)을 보존하는 데 도움이 되었다. 이러한 발견이나 유산을 얻은 사람들은 자신과 자손을 위한 투쟁에서 더 나은 운을 가졌다. 잘못된 신념에는 다음과 같은 것들이 포함된다 : 사물, 물질, 신체가 있다는 것 ; 사물은 보이는 그대로라는 것; 우리의 의지는 자유롭다는 것 ; 나에게 좋은 것은 그 자체로도 좋다는 것이다. -《즐거운 학문》

• 예술이 없다면 우리는 전경(全景)에 불과할 것이며, 가장 가깝고 천박한 것을 광활하고 현실 그 자체인 것처럼 보이게 만드는 그 원근법의 마법에 빠져 살게 될 것이다. -《즐거운 학문》

• 오류는 동물을 인간으로 만들었다. 진실은 인간을 다시 동물로 되돌릴 수 있는가? -《인간적인, 너무나 인간적인》

• 친구와 대화할 때는 두 사람 모두가 고려 중인 문제에만 집중하고 친구라는 사실을 잊을 때만 지식의 좋은 열매를 맺을 수 있다. -《인간적인, 너무나 인간적인》

• 훌륭한 예술품과 고급 와인은 좋은 것이지만 필수적인 것은 아니다. 진정한 기쁨은 자신의 창의력과 내면의 힘을 통해 평범한 물을 맛있는 와인으로 바꾸는 것처럼 자신의 내면에서 아름다움과 만족을 찾는 데서 비롯된다. -《자라투스트라는 이렇게 말했다》

• 똑똑한 사람들은 자신이 옳고 그름에 대한 모든 답을 알고 있다고 생각한다. 사람들이 이러한 생각으로 고민해 온 것은 사실이다. 하지만 우리가 교육을 받았다고 해서 과거 사람들보다 선과 악을 판단하는 능력이 더 뛰어나다는 의미는 아니다. -《아침놀》

• 말이 생각의 기호에 불과하듯, 생각도 단순한 기호에 불과하다. -《선과 악을 넘어서》

• 현재 누군가가 저지를 수 있는 가장 나쁜 죄는 지구를 경시하는 것이다. 우리 자신의 행성을 돌보는 것보다 신비스럽고 알 수 없는 무언가가 더 중요하다고 생각하는 것은 미친 짓이다! -《자라투스트라는 이렇게 말했다》

• 철학자들은 삶과 경험 앞에 자신을 내려놓고 관찰하는 경향이 있다. -《우상의 황혼》

• 무언가를 증명하는 것만으로는 충분하지 않으며, 사람들을 끌어들이거나 영감을 주어야 한다. 그래서 많이 아는 사람은 지혜를 공유하는 방법을 배워야 하는데, 때로는 일부러 바보처럼 들리도록 해야 한다! -《아침놀》

• 어떤 사람에 대해 마음을 바꿀 수 없다는 것은 나약함의 표시이다. 그것은 우리가 자유롭지 않고 우리 자신의 의견과 편견에 얽매여 있다는 증거이다. 우리는 더 유연해지고 새로운 상황에 적응하는 법을 배워야 한다. -《인간적인, 너무나 인간적인》

• 세상의 지혜 : 현장에 머물지 말고 시야에서 벗어나지도 말라. 세상을 가장 잘 볼 수 있는 곳은 중간 높이이다. -《즐거운 학문》

• 피와 격언으로 글을 쓰는 사람은 지식을 얻고자 하는 것이 아니라 마음으로 배우고자 한다. -《우상의 황혼》

10

자아와 본성

−중요한 사람이 되려면 자신의 그림자까지도 소중히 여겨야 한다

내면의 교향곡이 들리는가? 하나의 선명한 멜로디가 아니라 욕망, 두려움, 열정의 소용돌이가. 하지만 이것은 결점이 아니라 우리의 본질, 즉 본성이다.

'나'라고 속삭이는 자아는 자신의 유일한 음악가인 것처럼 행동하기를 좋아한다. 질서를 갈망하며 일부 악기는 침묵시키고 다른 악기는 미리 작성된 악보를 연주하도록 강요한다. "나는 차분한 사람입니다"라는 깔끔한 이야기를 만들어내어 아름다운 불협화음을 설명하기도 한다.

하지만 조심하라! 이 자아는 편안함을 추구하지만, 우리의 몰락을 초래할 수도 있다. 본성을 길들인다는 것은 다른 사람의 장단, 즉 사회, 도덕, '적절하다고 여겨지는 것'의 장단을 연주하는, 단순한 추종자가 되는 나약한 존재가 되는 것이다. 이것은 게으름이며 지루한 교향곡에 불과하다.

대신 감정이 없는 괴물이 아니라 오케스트라 전체를 포용하는 지휘자라고 상상해 보자. 악기, 분노, 기쁨, 창의성을 부정하지 않는다. 이 모든 것을 연주하는 법을 배워 자신만의 강력하고 독특한 멜로디로 엮어내는 것이다.

내면의 거친 클라이맥스를 두려워 말자. 그것은 걸작을 작곡할 수 있는 원초적인 힘이다. 자신의 본성을 온전히 받아들이고 자신만의 교향곡, 즉 삶과 진정성이 담긴 교향곡을 작곡하는 것이다. 그래야만 진정으로 자신이 원하는 사람이 될 수 있다.

• 형제여, 자네의 생각과 느낌 이면엔 알려지지 않는 지혜자인 '자아'라는 막강한 통치자가 도사리고 있다네. 그 통치자는 자네의 몸 안에 머물러 있다네. 그래서 자네가 가장 소중하게 여기는 그 어떤 지혜보다 더 위대한 이성(理性)이 바로 자네 내면에 존재하는 것이라네. -《자라투스트라는 이렇게 말했다》

• 모든 진짜 남자 안에는 놀고 싶어 하는 아이가 숨어 있다. 여자들이여, 남자 안에 있는 아이를 찾아내라. -《자라투스트라는 이렇게 말했다》

• 너 자신이 되어라! 지금 네가 하는 모든 것, 생각하는 것, 바라는 것은 너 자신이 아니다. -《시대에 맞지 않는 고찰》

• 우리 몸은 수많은 영혼으로 이루어진 사회적 구조일 뿐이다.
－《선과 악을 넘어서》

• 우리가 보고 듣는 것은 우리의 마음과 감정을 위한 도구이자 장난감일 뿐이다. 하지만 우리 내면에는 '자아'라는 더 깊은 무언가가 있다. 이 '자아'는 우리의 감각을 사용하여 세상을 경험하지만, 마치 느낌처럼 더 깊은 수준에서 사물을 이해할 수도 있다.
－《자라투스트라는 이렇게 말했다》

• 사람은 자신이 하는 일이 가장 중요한 일이라고 생각하면 그 일에 집착하는 성향이 있다. 이런 성향은 애인을 가진 여성에게도 적용된다. －《인간적인, 너무나 인간적인》

• 인간이 자유롭다고 믿기 때문에 후회와 양심의 가책을 경험하는 것이지, 실제로 자유롭기 때문은 아니다. －《인간적인, 너무나 인간적인》

• 오, 맙소사! 사람들이 야망과 꿈을 잃게 될 어두운 시대가 다가오고 있다. 더 나쁜 것은 의욕을 상실했다는 사실조차 신경 쓰지 않는 사람들이 있다는 것이다. －《자라투스트라는 이렇게 말했다》

• 양심에 찔리는 것은 개가 이빨로 돌을 무는 것만큼이나 어리석은 짓이다. -《인간적인, 너무나 인간적인》

• 성공은 항상 사람들을 속이는 데 능숙하다. 그 일 자체가 성공일 뿐이다. 위대한 지도자, 정복자, 발명가들은 그들의 업적 뒤에 숨는다. 예술가든 철학자든 작품은 그것을 만든 사람의 이미지를 만들어낸다. 우리가 존경하는 '위인'은 나중에 만들어진 이야기일 뿐인 경우가 많다. -《선과 악을 넘어서》

• 의지가 당신을 자유롭게 한다. 이것이 바로 자라투스트라가 여러분에게 가르치는 진정한 의지와 자유의 교리이다. -《자라투스트라는 이렇게 말했다》

• 사람들은 더러운 생각을 하는 것을 부끄러워하지 않지만, 그 더러운 생각이 자신에게 기인한다고 생각하면 부끄러워한다. -《인간적인, 너무나 인간적인》

• 사람은 자신의 행동에 비겁하게 굴어서는 안 된다. 행동한 뒤에는 그것을 부인해서는 안 된다. 양심의 가책은 점잖지 못한 것이다. -《우상의 황혼》

• 취하는 것, 감각적으로 황홀한 것, 갑작스러운 놀라움, 어떤 대가를 치르더라도 깊이 감동받고 싶은 충동은 끔찍한 성향이다! ─《즐거운 학문》

• 이 시대는 진정한 삶의 자유의 역사에서 완전히 지워져 사라질 위험에 처해 있다. 미래 세대는 진짜 사람이 아닌 여론의 영향을 받은 가짜 사람이 지배하는 시대가 될 것이다. ─《시대에 맞지 않는 고찰》

• 내면 깊은 곳에서 자신에게 권리가 있는지 의심하는 사람보다 더 열정적으로 자신의 권리에 대해 이야기하는 사람은 없다. 그는 자신의 편에 열정을 끌어들여 자신의 이성과 그에 대한 의심을 억누르고 싶어 한다. 그런 사람은 좋은 양심을 얻게 될 것이고, 그것으로 동료들 사이에서 성공할 것이다. ─《인간적인, 너무나 인간적인》

• 물질을 바꿀 수 있는 분이 위대한 것이 아니라 내 마음의 상태를 바꿀 수 있는 분이 위대한 것이다. ─《자라투스트라는 이렇게 말했다》

• 오늘 가장 많이 웃는 사람이 마지막에도 웃을 것이다. ─《우상의 황혼》

• 여성은 남성보다 더 강한 삶의 의지가 있다. 남성은 여성에게서 삶의 의지를 배우고, 여성에게서 영감을 얻는다. -《도덕의 계보》

• 분노와 증오는 우리를 괴롭히는 악마이지만, 그중에서도 가장 잔인하고 끔찍한 것은 원한이다. -《인간적인, 너무나 인간적인》

• 나는 고독이 필요하다. 즉, 회복, 자아로의 회귀, 자유롭고 가볍고 쾌활한 공기의 숨결이 필요하다. -《도덕의 계보》

• 존중과 존경에 대한 욕망(허영심)은 쉽게 상처받지만, 상처를 받더라도 더 강해져서 감당하기 힘들어질 수 있다. -《인간적인, 너무나 인간적인》

• 우리는 누군가를 해치거나 물리치기 위해 공격할 뿐만 아니라 단순히 우리 자신의 힘을 인식하기 위해서 공격하기도 한다. -《이 사람을 보라》

• 피곤함을 느끼면 사람들은 서로 더 가까워지고 더 평등하고 단결하게 된다. 결국, 진정한 자유는 휴식을 취할 때 찾아온다. -《인간적인, 너무나 인간적인》

• 인간은 자기 경멸보다 타인의 경멸에 더 민감하다. ─《인간적인, 너무나 인간적인》

• 속지 말라! 진정으로 강하고 독립적인 사상가들은 항상 의문을 품는다. 진정한 자유는 강하고 비판적인 마음에서 비롯된다. 의심하지 않고 확고한 신념을 가진 사람은 세상을 이해하는 데 한계가 있다. 신념은 자신을 가두어 새로운 가능성을 보지 못하게 할 수 있다. ─《자라투스트라는 이렇게 말했다》

• 분노로 죽이는 것이 아니라 웃음으로 죽이는 것이다. 자, 중력(重力)의 정신을 죽이러 가자! ─《자라투스트라는 이렇게 말했다》

• 불쾌하고 심지어 위험한 자질은 모든 국가와 모든 개인에게서 발견될 수 있다. 유대인에게만 예외를 요구하는 것은 잔인하다. 어떤 사람에게는 이러한 자질이 위험하고 비정상적일 정도로 반항적일 수도 있는데, 아마도 젊은 증권 거래소 유대인은 인류의 가장 역겨운 발명품으로 여겨질 것이다. -《인간적인, 너무나 인간적인》

• 칭찬을 받으면 겸손해지는 사람이 있지만, 교만해지는 사람도 있다. -《인간적인, 너무나 인간적인》

• 성숙한 영혼은 누군가가 자신에게 감사해야 한다는 것을 아는 것으로 괴로워하고, 미숙한 영혼은 자신이 누군가에게 감사해야 한다는 것을 아는 것으로 괴로워한다. -《인간적인, 너무나 인간적인》

• 아픈 사람에게 조언하는 사람은 그 조언이 받아들여지든 거부되든 간에 그 사람보다 우월하다는 느낌이 든다. -《인간적인, 너무나 인간적인》

• 자신의 내면에 야수와 같은 본성을 지니고 있어 욕망과 자기학대 외에는 선택의 여지가 없는 무서운 사람들이 있다. 그들에겐 욕망조차도 자기학대다. -《자라투스트라는 이렇게 말했다》

• 슬프고 힘든 사람은 때때로 강한 감정, 심지어 부정적인 감정을 통해 기분이 나아지는 방법을 찾을 수 있다. 증오와 사랑은 비록 힘들 수 있지만, 그러한 감정을 표면으로 끌어내면 슬픔을 극복하는 데 도움이 될 수 있다. -《선과 악을 넘어서》

• 네 이웃을 네 몸과 같이 사랑하되 먼저 너 자신부터 사랑하라. -《자라투스트라는 이렇게 말했다》

• 남자와 여자는 서로를 오해한다. 이유가 뭘까? 그것은 깊은 내면에서는 대부분 자신과 자신의 기대에 집중하고 있기 때문이다. 예를 들어, 남자는 여자가 항상 차분하고 평화롭기를 원하지만, 사실 여자는 그런 식으로 행동하려 노력하더라도 천성적으로 그렇게 평화롭지 않다. -《선과 악을 넘어서》

• 당신은 입으로 거짓말을 할 수 있지만, 그와 동시에 입을 통해 진실을 말하게 된다. -《선과 악을 넘어서》

• 자신의 허영심을 부정하는 사람은 대개 그것을 너무 잔인한 형태로 가지고 있어서 본능적으로 자신을 경멸해야 하는 필요성을 피하고자 눈을 감는다. -《인간적인, 너무나 인간적인》

• 순수한 영혼은 순수한 거짓말이다. -《도덕의 계보》

• 자유롭게 숨 쉬는 것이 무엇인지 모를 때, 자신의 자아에 대한 자유가 없을 때, 당신의 내면 가치는 어디에 있는가? -《아침놀》

• 우리는 다른 사람의 자존심이 우리 자신의 자존심과 충돌할 때만 다른 사람의 자존심을 싫어한다. -《선과 악을 넘어서》

• 여성이 남성적인 특성을 보이면 사람들은 그녀를 피하는 경향이 있고, 반대로 이러한 특성이 부족하면 스스로 도망치는 경향이 있다. -《우상의 황혼》

• 극단적인 행동을 허영심에서, 평범한 행동을 습관에서, 불친절한 행동을 두려움에서 원인을 찾는다면 잘못되는 일은 거의 없을 것이다. -《인간적인, 너무나 인간적인》

• 자유는 우리 자신에 대해 책임을 지려는 의지이다. 자유는 우리를 다른 사람들과 분리하려 거리를 유지하는 것이다. 고난, 엄격함, 궁핍, 심지어 삶 자체에 대해 더욱 무관심해지는 것이다. -《우상의 황혼》

• 우리는 누군가를 나보다 동등하거나 더 중요하다고 생각할 때만 미워하지, 덜 중요하다고 생각할 때는 미워하지 않는다. -《우상의 황혼》

• 삶은 힘들 수 있지만, 너무 예민한 척하지 마라! 우리는 모두 짐을 나르는 나귀와 노새처럼 강하고 유능한 존재이다. -《자라투스트라는 이렇게 말했다》

• 스스로 복종할 수 없는 자는 지시를 받게 될 것이다. 그것이 살아 있는 생물의 본성이다. -《자라투스트라는 이렇게 말했다》

• 사람은 무의식적으로 자신이 강한 곳, 자신이 가장 철저하게 살아 있다고 느끼는 곳에 자유의 요소가 있으리라 생각한다. ―《인간적인, 너무나 인간적인》

• 사람들은 물을 흐리게 함으로써 깊어 보이게 만든다. 그들은 자신의 생각을 깊이 있는 것처럼 보이게 하기 위해 모호하고 불분명하게 표현한다. ―《자라투스트라는 이렇게 말했다》

• 진정한 자신이 되기 위해서는 자신이 생각하는 자신을 기꺼이 버려야 한다. ―《자라투스트라는 이렇게 말했다》

• 평등에 대한 갈망은 모든 사람을 자신의 수준으로 끌어내리려는 욕망으로 표현될 수 있고, 아니면 모든 사람과 함께 자신을 끌어올리려는 욕망으로 표현될 수도 있다. ―《인간적인, 너무나 인간적인》

• 나는 다른 사람들처럼 생각하지 않기 위해 혼자 있기를 좋아한다. 많은 사람들과 함께 있을 때는 그들이 하는 것처럼 행동하기 때문에 나 스스로 생각하지 않게 된다. 그렇게 시간이 지나면 남들에게 내 자아를 잃게 되고, 내 영혼마저 빼앗기는 것 같은 느낌이 든다. ―《자라투스트라는 이렇게 말했다》

• 당신이 마주할 수 있는 가장 큰 적은 항상 자기 자신이다. 당신은 동굴과 숲에 자신을 숨기고 있다. 혼자 있을 때, 당신은 자신을 찾기 위한 여정을 떠나게 된다! 당신의 길은 자신을 넘고, 일곱 악마를 넘어 이어진다! 자신에게 의문을 품을 수 있고, 자신을 의심할 수도 있고, 심지어 이상하고 사악하게 볼 수도 있다. -《자라투스트라는 이렇게 말했다》

• 사람들은 우리를 진정으로 이해하지 못한다. 우리를 칭찬할 때도 우리가 실제로 하지도 않은 일에 대한 칭찬인 경우가 많다. -《이 사람을 보라》

• 나는 다시 혼자가 되었고, 그렇게 되고 싶다. 맑은 하늘과 열린 바다와 함께 혼자 있고 싶다. -《자라투스트라는 이렇게 말했다》

• 우리의 감정은 우리의 사고보다 훨씬 더 깊고 현실적이다. -《이 사람을 보라》

• 아버지에게 숨겨져 있던 자질이나 비밀이 아들에게서 드러나고 표현되는 경우가 많다. 나는 아들에게서 아버지의 숨겨진 면모가 드러나는 것을 여러 번 발견했다. -《즐거운 학문》

• 남자는 위험과 스포츠를 사랑한다. 그래서 남자가 가장 위험한 스포츠인 여자를 사랑하는 것이다. -《자라투스트라는 이렇게 말했다》

• 철학자와 도덕가들이 퇴폐에 반대함으로써 퇴폐를 피할 수 있다고 상상하는 것은 자기기만이다. 퇴폐는 인간 의지를 넘어서는 것이며, 인간이 아무리 인정하지 않더라도 나중에 그들이 퇴폐의 가장 강력한 추진자 중 하나였다는 사실을 알게 될 것이다. -《권력에의 의지》

• 어느 시대에나 생각이 깊은 사람들은 동물을 사랑했다. -《자라투스트라는 이렇게 말했다》

• 외로운 사람은 마주치는 사람에게 너무 빨리 손을 내민다. -《자라투스트라는 이렇게 말했다》

• 궁극적으로 사람은 자신의 욕망을 사랑하지 욕망의 대상을 사랑하지 않는다. -《선과 악을 넘어서》

• 나는 당신이 가까이 있을 때는 두렵지만, 멀리 있을 때는 사랑한다. -《자라투스트라는 이렇게 말했다》

• 나에게 관심이 있는 인간들에게 고통, 고독, 질병, 학대, 모욕, 깊은 자기 경멸, 자기 불신의 고통, 패배자의 비참함이 임하기를 기원한다. -《권력에의 의지》

• 인간은 나무와 비슷하다. 인간이 더 높이 올라가 빛을 받고자 하면 할수록 그의 뿌리는 더욱더 맹렬하게 땅 아래, 어둠 속으로, 깊은 곳, 사악한 세계로 파고든다. -《자라투스트라는 이렇게 말했다》

• 나는 걷는 법을 익히고 나서 뛰기 시작했다. 날아가는 법을 배운 뒤에는 다른 사람의 자극 없이도 움직일 수 있게 되었다. 현재는 민첩하고 자유롭게 날아다니며 새로운 관점에서 나 자신을 관찰할 수 있다. 그래서 내 안에 생동감 넘치는 영혼이 살아 있음을 느낀다. ─《자라투스트라는 이렇게 말했다》

• 타인의 고통을 보는 것은 일부 사람들에게 만족감을 가져다주고, 그 고통을 유발하는 것은 더 많은 만족감을 가져다준다. 이것은 냉혹한 진실이면서도 깊이 뿌리박혀 있는 강력하고 매우 인간적인 원칙으로, 심지어 유인원도 동의할 수 있는 것이다. 유인원은 인간 행동의 전조가 되는 이상한 잔인함을 생각해 낸다고 한다. ─《도덕의 계보》

• 여성은 남성과 친밀한 관계를 맺을 수는 있지만, 그 관계가 오래 유지되려면 약간의 육체적 반감이 필요하다. ─《자라투스트라는 이렇게 말했다》

• 세련된 본성은 누군가가 자신에게 은혜를 빚지고 있다는 것을 알면 곤란함을 느끼고, 천박한 본성은 누군가에게 은혜를 빚지고 있다는 것을 알면 불쾌함을 느낀다. ─《인간적인, 너무나 인간적인》

• 사람은 누군가가 그 자신의 삶에 대해 독특한 기준을 설정하면 불쾌감을 느끼는데, 이는 그 사람이 받는 특별대우로 인해 자신이 그 사람에 비해 덜 중요하다고 느끼기 때문이다. -《자라투스트라는 이렇게 말했다》

• 현명해지는 것, 인내하는 것, 탁월해지는 것보다 쉬운 것은 없다. 우리는 인내와 동정심이란 기름을 흘리면서, 어처구니없을 정도로 정의롭고, 모든 것을 용서한다. 그러한 이유로 우리는 자신을 스스로 훈련해야 하며, 그러한 이유로 기회가 있을 때마다 적게나마 감성적 악덕을 개발해야 한다. 그렇게 하는 것이 어려워서 우리끼리도 우리의 이런 모습을 보고 비웃을 수도 있다. 하지만 그게 뭐 어때서! 우리의 자아를 극복하는 방법은 고행과 참회뿐이고, 그 외의 것은 없다. -《인간적인, 너무나 인간적인》

• 모든 사람을 돈으로 살 수 있다는 말은 사실이 아니다. 하지만 모든 사람에게는 저항할 수 없는 유혹이 있는 법이다. 어떤 사람을 무언가에 끌어들이려면 인류애, 고귀함, 부드러움, 자기희생의 광택을 입혀주기만 하면 된다. 그러면 그들이 삼키지 못할 것은 없다. 그들의 영혼엔 이런 것들이 장식이자 미사여구인데 다른 영혼에는 다른 것들이 있는 것이다. -《우상의 황혼》

• 해방의 인장(印章)이란 무엇인가? 자신 앞에서 부끄러움이 없는 것이다. -《즐거운 학문》

• 나는 거짓말을 이렇게 정의한다 : 보이는 것을 보지 않으려는 것, 보이는 대로 보지 않으려는 것. … 가장 흔한 거짓말은 자기 자신에게 하는 거짓말이다. 다른 사람에게 거짓말하는 것은 상대적으로 예외적인 일이다. -《우상의 황혼》

• 중요한 사람이 되려면 자신의 그림자까지도 소중히 여겨야 한다. -《자라투스트라는 이렇게 말했다》

• 사람에 대한 유명하지만 정확하지 않은 속담 두 개가 있다. 첫 번째는 "사람은 항상 자신을 싫어한다"는 말인데, 이는 인간 본성에 대한 매우 구시대적인 생각이다. 두 번째는 "네 이웃을 네 몸과 같이 사랑하라"는 말인데, 이는 사람이 실제로 어떤 존재인지에 대한 이해가 부족하다는 것을 보여주기 때문에 어린아이가 하는 말과 다름없다. -《인간적인, 너무나 인간적인》

• 우리는 다른 사람에게 죄를 고백하고 나서 그걸 잊지만, 상대방은 보통 그것을 잊지 않는다. -《인간적인, 너무나 인간적인》

• 마음을 놓아버리면 곧 머리도 통제할 수 없게 되니 마음을 붙잡아야 한다. ─《자라투스트라는 이렇게 말했다》

• 자기 자신을 혐오하는 사람을 두려워해야 한다. 그의 분노와 복수의 희생자가 될 위험이 있기 때문이다. 그러니 그가 자기를 사랑할 수 있도록 도와줄 필요가 있다. ─《자라투스트라는 이렇게 말했다》

• 신문을 읽는 사람들은 "이 정치 집단이 계속 이런 실수를 저지르면 스스로 파멸할 것"이라고 생각한다. 하지만 정치에 대해 보다 생각이 깊은 나는 "이런 종류의 실수를 저지르는 집단은 이미 갈 길을 잃었기 때문에 더는 건전한 본능에 따라 행동하지 않는다"라고 주장하게 된다. ─《자라투스트라는 이렇게 말했다》

• 작은 복수가 복수를 전혀 하지 않는 것보다 더 인간적이다.
─《자라투스트라는 이렇게 말했다》

• 생각하지 않을 때만큼 존재감이 큰 적은 없다. ─《이 사람을 보라》

• 연극 대본을 암송하는 사람은 자신의 성격을 발견하게 된다.
─《인간적인, 너무나 인간적인》

• 높이 올라갈수록 시기하는 사람의 눈에는 작게 보인다. 하지만 무엇보다도 그들은 날아다니는 사람들을 싫어한다. -《자라투스트라는 이렇게 말했다》

• 사람은 자신 안에 있는 '가장 좋은 것'을 알지 못하고 알 수도 없다. -《선과 악을 넘어서》

• 금욕주의는 육식동물과 같은 탐욕스러운 욕구를 근절해야 하는 사람들에게 올바른 사고방식이다. 하지만 오직 그런 사람들에게만 해당될 뿐이다! -《자라투스트라는 이렇게 말했다》

• 재능이나 장점이 있는 사람이 보여주는 오만함은 그러한 자질이 없는 사람이 보여주는 오만함보다 훨씬 더 성가실 수 있는데, 그 이유는 장점 자체가 우리에게 불쾌감을 줄 수 있기 때문이다. -《즐거운 학문》

p17 : Don Graham
p23 : Michael Coghlan
p31 : Dwilliams851
p38 : Bhasati Uzir
p46 : greg westfall
p52 : Hervé Simon
p65 : G. Lamar Yancy
p75 : Angelo Brathot
p78 : Kay Ryabitsev
p90 : chascar
p101 : 401(K) 2012
p105 : Allen Warren
p108 : US Air Force
p112 : Expert Infantry
p117 : State Library of
　　　 South Wales
p123 : TimOve
p126 : Stewart Black
p132 : francois karm
p137 : Bureau of Land
　　　 Management
p141 : State Library of
　　　 South Wales
p145 : State Library of
　　　 South Wales

p148 : State Library of
　　　 South Wales
p155 : Brian Tomlinson
p158 : Bureau of Land
　　　 Management
P162 : llee_wu
p166 : Piotr Pawłowski
p170 : Bureau of Land
　　　 Management
p174 : Thought Catalog
p179 : State Library of
　　　 South Wales
p182 : Eneas De Troya
p187 : State Library of
　　　 South Wales
p190 : State Library of
　　　 South Wales
p195 : Alan Sandercock
p198 : Ken Mattison
p202 : Betsy Weber
p207 : Midnight Believer
p210 : Koen Jacobs
p215 : Jason Snyder
p219 : Andy Kobel
p223 : Jacek Becela

p227 : State Library of
　　　 South Wales
p231 : Mario Hieber
p236 : Marines
p240 : judy dean
p245 : Tobias Abel
p248 : Sgt. Pepper57
p253 : Rob Oo
p260 : European Southern
　　　 Observatory
p265 : Eduardo Francisco
p268 : Dave Collie
p272 : Yesiamsebi
p277 : Bogdan Suditu
p280 : Julie, Dave &
　　　 Family
p284 : Rosanetur
p289 : State Library of
　　　 South Wales
p293 : ibz_omar
p297 : Albert Dobrin

새우와 고래가 함께 숨 쉬는 바다

니체가 바라본 세상
– 극한 상황을 이겨내고 진리를 깨닫게 하는 니체의 아포리즘

편역자 | 석필
펴낸이 | 황인원
펴낸곳 | 도서출판 창해

신고번호 | 제2019-000317호

초판 1쇄 인쇄 | 2024년 08월 09일
초판 1쇄 발행 | 2024년 08월 16일

우편번호 | 04037
주소 | 서울특별시 마포구 양화로 59, 601호(서교동)
전화 | (02)322-3333(代)
팩스 | (02)333-5678
E-mail | dachawon@daum.net

ISBN 979-11-7174-007-9 (03100)

값 · 18,000원